会计手工实操与在线实训系列规划教材

纳税实训

——手工实操与在线实训

伊　虹　主　编
田淑华　副主编

中国人民大学出版社
·北京·

丛书编委会

一、《基础会计实务》

主　编　沈清文

副主编　吕玉林　王　欢

参　编　朱晓铭　张翔一

审　稿　欧月萍

二、《基础会计实训》

主　编　沈清文

副主编　张怡　吕玉林

参　编　肖晓旭　刘莉莉　马丽亚

审　稿　王秀华

三、《纳税实务》

主　编　伊　虹

副主编　田淑华　王建聪

四、《纳税实训》

主　编　伊　虹

副主编　田淑华

五、《财务会计分岗实务》

主　编　宋玉章

六、《财务会计分岗实训》

主　编　孙雨南

七、《出纳实务》

主　编　姜亚琼

八、《出纳实训》

主　编　姜亚琼

副主编　孙　梁　佟　昕

参　编　郭　丽　高　霞

九、《税务会计实务》

主　编　刘彩霞

十、《税务会计实训》

主　编　刘彩霞

十一、《企业会计全盘账模拟》

主　编　刘雪清

丛书序

随着互联网教育技术的发展，借助数字仿真实训提高会计学习者的实际业务操作技能，提高会计专业教学效率和效果，成为十分必要的教学手段。

会计是商业的语言。会计工作有自身特定的流程、工作材料和信息传达工具。传统的书本知识的学习，使学习者具有了一定的专业理论基础、解决问题的思路和相对完整的背景知识。但常见的问题是，学习者离开课堂的初期，往往对工作中的账簿、凭证的处理乃至电算化软件、报税平台、网银平台的操作等具体工作望而生畏。财务人员在单位里承担着重要的责任，他们的任何差池都可能给单位带来实际的经济损失。培养学生“敢操作、会操作、做得好”的会计职业能力，是会计专业教育者义不容辞的责任。

在会计职业教育领域，学科带头人、骨干教师和教育实践针对理论教学与实践教学的一体化开展过各种有益的尝试。多年实践证明，真正的“理实一体化”教学解决方案，需要会计专业教师、数字教育技术人员、会计从业者和课程专家的相互协作，共同开发。

本套教材利用“学问通”在线实训平台，实现了会计专业的仿真教学、仿真实训和仿真操作，为广大师生提供了一套全新、实用的立体化创新教材，实现了学校教学与企业实务工作的无缝对接。

本套教材的创新主要体现在以下三个方面。

1. 课堂学习与企业实务无缝对接

本套教材从企业实际业务出发，采用“实训内容即工作内容，实训过程即工作过程”的编写思路，系统梳理了会计人员应知应会的核心知识与技能，精选企业典型会计业务作为实训业务，借助信息技术将会计工作中常见的单据及账证表全部仿真制作，学生可以在完全模拟企业会计工作场景的情况下进行实训，从而迅速具备会计上岗能力。

2. 理论教学与实训教学互相配套

本套教材涵盖职业院校会计专业的 8 门核心课程，既包括理论课教材，也包括实训课教材，且理论与实训互相对应、互相配套。学生学习完相关的理论，即可进行相应的实训，在巩固理论知识的同时强化实践能力培养。

本套教材的理论课教材包括《基础会计实务》《出纳实务》《财务会计分岗实务》《成本会计实务》《税务会计实务》《纳税实务》《审计实务》等，与之相对应，实训课教材包括《基础会计实训》《出纳实训》《财务会计分岗实训》《成本会计实训》《税务会计实训》《纳税实训》《审计实训》《企业会计全盘账模拟》。

3. 线下实操与线上实训同步进行

本套教材的理论课教材配有相应的在线学习账号，学生可以通过 APP 在线做题、观看资源、与教师进行课堂互动。实训课教材除全部使用仿真单据外，还配备相应的账证表，以便进行全仿真实训，同时配有在线实训账号，可以反复练习，实时比对答案。

纸质教材与在线平台的相互结合，既可以帮助学生进行线下的手工实操，强化会计技能训练；又可以充分发挥互联网的优势，增强教学互动、拓展课程资源种类，进行线上的反复实训，及时统计实训结果，提升教学效果。

本套教材的出版倾注了编写团队、课程开发团队的大量心血，衷心希望我们的创新能为我国会计职业教育的发展以及会计人才的培养作出贡献。

2017 年 6 月

前 言

为培养高素质的应用技术人才，高校财经类专业普遍开设了实践教学类课程，为学生提供理论联系实际的有效渠道，从而使理论更好地与实践相结合。“纳税实训”课程是学习完“税法”等税收课程之后的综合实训课程，是高校培养应用型人才的核心实训课。目前高校开设的“纳税实训”课程主要有两种形式：一是学生根据实训教程给定的模拟实际业务，按税种填制纸质纳税申报表；二是在配有电脑的实验室进行实训，教师应用纳税申报软件进行演示性和验证性教学。这两种方式均具有一定的局限性，即学生必须在课堂上跟着老师进行训练。我们开发的这本实训教材打破了时间和空间的限制，学生可以根据教材提供的网址在任何时间和任何地点进行实训，使纳税实训更灵活，能更好地满足学生随时随地学习的需求。

本教材的工作流程是：首先通过“情景引入”提供实训案例；其次简要说明实训所需的税法规定及申报流程；再次详细说明实训业务处理及纳税申报表的填制；最后布置技能训练，学生可以在课余时间登录网络平台进行业务处理及纳税申报表的填制，进行纳税申报。本教材的答案可登录实训平台查看，学生做完训练后系统会自动评分。同时，教材还配有视频资料，对实训中的难点及学生容易出错的地方进行简明扼要的讲解，有助于学生自主学习，培养学生自己解决问题的能力，以适应未来工作的需要。

本教材的内容包括三部分。第一部分为企业纳税实训基础，为本教材的项目 1 和项目 2。项目 1 为税务登记，包括企业设立、变更及注销税务登记的实训内容，项目 2 为发票领用与开具的实训内容。项目 1 和项目 2 根据商事制度改革后税务登记与发票管理的最新内容编制，较好地实现了理论与实践的结合。第二部分为本教材的项目 3～项目 7，以流转税和所得税为主线，分别进行增值税、消费税、企业所得税、个人所得税、土地增值税的实训。第三部分为地税申报的各税种的实训。第二部分和第三部分较好地体现了重点与一般的安排。

本教材在编写过程中始终遵循应用型人才培养的要求，重点突出税法在实际工作中的应用性，并借助互联网形式，最大限度地调动学生的学习积极性，真正实现实训从“纸上谈兵”到“实际案例”的转变。

本教材是辽宁省教育科学“十二五”规划课题“基于会计平台税收应用型人才

培养模式的构建”的研究成果。“纳税实训”课程是培养税收应用型人才的重要环节，本教材可作为税收学、会计学、财务管理以及其他经济管理类各专业的教学用书，也可作为税务干部、企业经营管理人员、财会人员的参考用书。

本教材不仅仅是一本实训教材，更是给使用者提供了一个提高专业实践能力的平台。通过平台的应用，使学生具备综合分析问题和解决问题的能力，具备从事税收领域工作的初步能力，为学生走上就业岗位奠定坚实的实践基础和操作能力。

借助于网络平台进行税法实训是一项全新的探索，限于编者水平，书中难免有疏漏和不足，希望读者朋友给予指正。

编者

2017 年 6 月

目录

项目 1

税务登记实训

【实训目的】

● 掌握纳税人办理设立税务登记的要求及流程，能够办理设立税务登记业务；

● 熟悉纳税人办理变更税务登记的要求及流程，能够办理变更税务登记业务；

● 掌握纳税人办理注销税务登记的要求及流程，能够办理注销税务登记业务；

● 掌握增值税一般纳税人资格登记的条件及流程，能够办理增值税一般纳税人申请登记。

任务 1.1　设立与变更税务登记

【情景引入】

张欣与刘阳协议开办一家有限责任公司。根据《公司法》规定，两人共同制定了公司章程，于 2017 年 3 月 6 日在当地工商部门办理了“五证合一”（营业执照、组织机构代码证、税务登记证、社会保险登记证、统计登记证）的营业执照。工作人员告知，公司“五证合一”的营业执照上有统一的社会信用代码，已涵盖了税务登记证的功能，不需要再到税务机关领取税务登记证。该公司财务人员提出，是否还需要再到税务部门办理税务登记相关业务？

一、实训要求

了解新设立的企业领取营业执照后，到税务机关进行税务信息录入所需准备的证件和资料，能准确填写税务登记表，完成税务补充登记的相关业务。企业设立后，若涉税信息发生变化，能完成变更税务登记的相关业务。

二、相关税法规定

（一）设立税务登记的规定

1. 需要办理设立税务登记的情形

税务登记又称纳税登记，是指税务机关根据税法规定，对纳税人的生产、经营活动进行登记管理的一项法定制度，也是纳税人依法履行纳税义务的法定手续。税务登记包括设立、变更和注销登记。《税收征收管理法》规定，企业及企业在外地设立的分支机构和从事生产、经营的场所，个体工商户和从事生产、经营的事业单位，都需要向生产、经营所在地税务机关申报办理税务登记。

2. “五证合一”下税务登记的规定

设立税务登记是企业设立阶段办理的涉税事项。2015 年 10 月 1 日起我国全面推行工商营业执照、组织机构代码证、税务登记证“三证合一”登记制度改革。2016 年 10 月 1 日开始，在全面实施“三证合一”的基础上，正式实施“五证合一”的企业登记模式，在原有“三证”的基础上，增加社会保险登记证和统计登记证。新设立企业领取由工商行政管理部门核发的营业执照后，无须再进行税务登记，不用领取税务登记证。企业办理涉税事宜时，应在主管税务机关完成补充信息采集后，凭加载统一代码的营业执照代替税务登记证使用。

（二）变更税务登记的规定

1. 需要办理变更税务登记的情形

纳税人在办理税务登记后，发生下列情形之一的，应当办理变更税务登记：改变纳税人名称；改变法定代表人；改变经济性质或经济类型；改变隶属关系；改变住所或经营地点（不涉及主管税务机关变化的）；改变生产经营范围或经营方式；改变生产经营期限；增减注册资本；改变开户银行和账号；改变生产经营权属以及其他税务登记内容的。

2. 税务机关系统变更

商事制度改革后，领取载有社会信用代码营业执照的纳税人，生产经营地、财务负责人、核算方式等涉税基础信息发生变化，需要由企业直接向税务机关申报变更。税务机关更新税务系统中的企业信息，并将变更信息交换至工商登记机关。

三、设立与变更税务登记的办理流程

（一）设立税务登记的办理流程

1. 办理营业执照

申请人持工商网报系统申请审核通过后打印的《新设企业五证合一登记申请表》，携带其他纸质资料，前往大厅多证合一窗口办理。

窗口核对信息、资料无误后，将信息导入工商准入系统，生成工商注册号，将企业材料扫描传递至质监、国税、地税、社保、统计五部门，由五部门分别完成后台信息录入。信息录入完成后，打印出载有 18 位统一社会信用代码证号的营业执照。营业执照上加载的社会信用代码，相当于企业的身份证号码，该代码作为企业唯一身份标识。

2. 到税务部门进行补充信息采集

纳税人在工商部门办理加载统一社会信用代码的营业执照后，在首次办理涉税事项时，税务机关对其进行补充信息采集，在完成补充信息采集后，凭加载统一代码的营业执照可代替税务登记证使用。税务机关的补充信息采集在“金税三期”的税收征管系统中进行。纳税人在办理营业执照时录入的基础信息可以在税收征管系统中共享，纳税人只需补充相关的税务信息。

补充信息采集所需资料及证件包括：营业执照副本、公司章程、核准设立通知书、法定代表人身份证及税务机关要求的其他相关资料。

需要补充录入的涉税基础信息包括：银行账户、财务负责人信息、核算方式、从业人数、会计制度、代扣代缴代收代缴税款业务等。税务机关根据纳税人提供的资料和信息，在税收征管系统中录入补充信息。为了使录入的信息准确完整，纳税人可以将相关的信息事先填入税务登记表中。税务登记表的主要内容包括：①单位名称、法定代表人或者业主姓名及其居民身份证、护照或者其他合法证件的号码；②住所、经营地点；③登记类型；④核算方式；⑤生产经营方式；⑥生产经营范围；⑦注册资金（资本）、投资总额；⑧生产经营期限；⑨财务负责人、联系电话；⑩国家税务总局确定的其他有关事项。

补充信息全部采集完毕后，打印补充信息，纳税人签章认可。

（二）变更税务登记的办理流程

纳税人发生需要变更税务登记的事项后，将变更信息的有关资料或证明材料报送主管税务机关。

税务机关对申请人提交的证件、资料进行审核。报送资料齐全、符合法定形式、填写内容完整的，受理后即时办结信息的变更。

四、实训案例

（一）案例 1

1. 实训基础资料

以情景引入的资料为本实训案例。

日港市欣阳金属加工有限公司是一家新设企业，该公司基本情况如下。

企业名称：日港市欣阳金属加工有限公司

社会信用代码：91210681MAOTQELKOQ

法定代表人：张欣，身份证号码为 210623196807030977

财务负责人：周明，身份证号码为 210623197311010477

办税人员：王静，身份证号码为 210623196606210947

注册资本：100 万元

经营期限：2017 年 3 月 16 日至 2047 年 3 月 15 日

开户银行及账号：日港银行，0202110000024711

经营范围：加工、销售：有色金属、黑色金属、电动工具、建筑材料

注册地址：日港市桥南新区飞云路 19 号

经营地址：日港市桥南新区飞云路 19 号

邮政编码：318005

联系电话：0534－2897521

股东信息：张欣（中国国籍，身份证号码为 210623196807030977），投资比例 70％；刘阳（中国国籍，身份证号码为 210623197007130977），投资比例 30％

2. 实训业务资料

日港市欣阳金属加工有限公司经日港市工商行政管理局批准，于 2017 年 3 月 16 日取得了“五证合一”的营业执照。

公司设立 1 个月后，财务负责人周明因个人原因无法在该公司继续工作，由王曦佳担任公司财务负责人。

3. 实训要求

（1）列出到税务机关进行信息补充登记需要提供的相关资料。

（2）填写税务登记表，向税务机关提供补充登记的准确信息，完成信息补充登记工作。

（3）完成变更财务负责人的税务变更登记工作。

实操提示：请登录“学问通”实训平台，进入“纳税实训”课程，进行相关实训操作。

（二）案例 2

1. 实训基础资料

某科研所的王利明工程师拥有 LED 照明设备的发明专利，准备进行创业。王利明向工商管理部门申请设立一人有限责任公司。该公司基本情况如下。

企业名称：日港市永明电子有限公司

社会信用代码：91210681MA0QFQDG71

法定代表人：王利明，身份证号码为 210120197207212208

财务负责人：周志国，身份证号码为 210120196812032002

办税人员：王丹，身份证号码为 210120198704181220

注册资本：500 万元

经营期限：2016 年 11 月 2 日至 2046 年 11 月 1 日

开户银行及账号：中国工商银行永新支行，342166771018762230l

注册地址：日港市永新区莲花路28号

经营范围：制造、销售：电子产品、电力设备、环保设备

2. 实训业务资料

2016年11月2日取得了“五证合一”的营业执照。

3. 实训要求

（1）说明该企业设立税务信息补充登记操作要点。

（2）填写税务登记表，到税务机关进行信息补充登记。

实操提示：请登录“学问通”实训平台，进入“纳税实训”课程，进行相关实训操作。

任务1.2　注销税务登记

【情景引入】

日港市永明电子有限公司自2016年11月设立以来，产品销售情况不佳，至2017年6月一直亏损。投资者王利明决定解散该企业。王利明认为，企业设立时取得的是“五证合一”营业执照，注销时直接去企业登记机关办理注销事宜即可。王利明的观点正确吗？

一、实训要求

了解企业注销税务登记所需准备的证件和资料，能够准确填写清税申报表，申请税务机关开具清税证明。

二、相关税法规定

注销税务登记的适用范围：纳税人发生解散、破产、撤销以及其他情形依法终止纳税义务的；按规定不需要在工商行政管理机关或者其他机关办理注销登记的，但经有关机关批准或者宣告终止的；纳税人被工商行政管理机关吊销营业执照或者被其他机关予以撤销登记的；纳税人因住所、经营地点变动，涉及改变税务登记机关的；纳税人依法终止履行纳税义务的其他情形。

纳税人持有加载统一社会信用代码的营业执照进行注销时，需先进行清税申报，向税务机关填报清税申报表，税务机关在结清应纳税款、多退（免）税款、滞纳金和罚款，缴销发票和其他税务证件后，向纳税人出具清税证明。

三、注销税务登记的办理流程

1. 申请人申请

申请人向税务机关报送办理注销税务登记的资料及证件。申请人提交的资料及证件包括：清税申报表，发票领购簿及未验旧、未使用发票，使用增值税税控系统的纳税人应提供金税盘、税控盘和报税盘，或者提供金税卡和IC卡，以及其他按规定应收缴的设备，上级主管部门批复文件或董事会决议及经办人身份证证明等附列资料。

2. 税务机关办理

税务机关对申请人提出的申请进行审核，决定是否受理。报送资料齐全、符合法定形式、填写内容完整的，受理后出具清税证明。

四、实训案例

1. 实训基础资料

以情景引入的资料为本实训案例。

企业名称：日港市永明电子有限公司

社会信用代码：91210681MA0QFQDG71

法定代表人：王利明，身份证号码为210120197207212208

财务负责人：周志国，身份证号码为210120196812032002

2. 实训业务资料

由于亏损严重，投资者王利明决定解散该企业，并于2017年6月30日签署了解散企业决定书。企业注销事宜由该公司财务负责人经办。

3. 实训要求

(1) 列出到税务机关进行注销税务登记需要提供的相关资料及证件。

(2) 填写清税申报表，办理完成注销税务登记。

实操提示：请登录"学问通"实训平台，进入"纳税实训"课程，进行相关实训操作。

任务 1.3　增值税一般纳税人资格的登记

【情景引入】

日港市欣阳金属加工有限公司从事有色金属、黑色金属等金属制品的加工与销售。2017年3月16日取得营业执照，并在主管税务机关补录了税务信息。该公司由于开业不久，客户资源较少，估计年销售额不足50万元，低于一般纳税人认定标准。该公司在设立环节可否进行增值税一般纳税人登记，以取得一般纳税人资格呢?

一、实训要求

了解新设企业一般纳税人资格登记的相关规定，能够准确填写增值税一般纳税人资格登记表，能够进行小规模纳税人超过规定标准转为一般纳税人的资格登记。

二、相关税法规定

1. 小规模纳税人与一般纳税人的划分标准

增值税一般纳税人是指年应税销售额超过财政部、国家税务总局规定的小规模纳税人标准的纳税人。小规模纳税人的标准是：从事货物生产或者提供劳务的纳税人，以及以从事货物生产或者提供劳务为主，并兼营货物批发或者零售的纳税人，年应征增值税销售额（以下简称“应税销售额”）在50万元以下（含本数）；上述规定以外的纳税人（不含“营改增”试点纳税人），年应税销售额在80万元以下的；销售服务、无形资产或者不动产的年应税销售额未超过500万元的试点纳税人。“营改增”试点纳税人兼有销售货物、提供劳务和应税行为的，应税货物及劳务销售额应与应税行为销售额分别计算，分别适用增值税一般纳税人资格登记标准。

2. 一般纳税人的管理

（1）增值税纳税人，年应税销售额超过财政部、国家税务总局规定的小规模纳税人标准的，除另有规定外，应当向主管税务机关申请一般纳税人资格登记。该登记形式为责令登记，一般适用于小规模纳税人超过规定标准转为一般纳税人的资格登记。

（2）年应税销售额未超过财政部、国家税务总局规定的小规模纳税人标准以及新开业的纳税人，可以向主管税务机关申请一般纳税人资格登记。对提出申请并且能够按照国家统一的会计制度规定设置账簿，根据合法、有效凭证核算，能够提供准确税务资料的纳税人，主管税务机关应当为其办理一般纳税人资格登记。该登记形式为依申请登记，一般适用于新设立企业增值税一般纳税人资格登记。

（3）纳税人年应税销售额超过财政部、国家税务总局规定标准，且符合有关政策规定，选择按小规模纳税人纳税的，应当向主管税务机关提交选择按小规模纳税人纳税的情况说明。个体工商户以外的其他个人年应税销售额超过规定标准的，不需要向主管税务机关提交书面说明。

3. 一般纳税人资格的登记规定

增值税一般纳税人资格原为税务机关的行政审批事项。自 2015 年 4 月起，一般纳税人资格实行登记制，在具体登记程序中取消了税务机关审批环节，主管税务机关在对纳税人递交的登记资料信息进行核对、确认后，纳税人即可取得一般纳税人资格。

三、增值税一般纳税人资格登记的办理流程

（一）新设立企业增值税一般纳税人资格登记

1. 纳税人申请

纳税人向主管税务机关填报增值税一般纳税人资格登记表，并提交相关的登记资料及经办人证件。

2. 税务机关办理

主管税务机关对纳税人递交的登记资料信息进行核对，纳税人填报内容与税务登记信息一致的，主管税务机关一般予以当场办结，纳税人即可取得一般纳税人资格；纳税人填报内容与税务登记信息不一致，或者不符合填列要求的，税务机关应当场告知纳税人需要补正的内容。

新开业纳税人自主管税务机关受理申请的当月起，按照规定领购、使用增值税专用发票。除国家税务总局另有规定外，纳税人一经认定为一般纳税人后，不得转为小规模纳税人。

（二）小规模纳税人超过规定标准转为一般纳税人的资格登记

增值税纳税人年应税销售额超过规定标准的，除符合有关规定选择按小规模纳税人纳税的，在申报期结束后 20 个工作日内按照规定向主管税务机关办理一般纳税人登记手续；未按规定时限办理的，主管税务机关在规定期限结束后 10 个工作日内制作税务事项通知书，告知纳税人在 10 个工作日内向主管税务机关办理登记手续。逾期（告知后 10 日内）未向主管税务机关提出一般纳税人资格登记或选择按小规模纳税人纳税登记，系统自动将该纳税人转为按增值税适用税率计算税额。

四、实训案例

（一）案例 1

1. 实训基础资料

企业名称：日港市欣阳金属加工有限公司

社会信用代码：91210681MAOTQELKOQ

法定代表人：张欣，身份证号码为 210623196807030977

财务负责人：周明，身份证号码为 210623197311010477

办税人员：王静，身份证号码为 210623196606210947

经营范围：加工、销售：有色金属、黑色金属、电动工具、建筑材料

2. 实训业务资料

日港市欣阳金属加工有限公司已经按照国家统一的会计制度规定设置账簿，公司财务部门能够提供准确的税务资料。

3. 实训要求

（1）说明日港市欣阳金属加工有限公司可以登记为一般纳税人的理由。

（2）填写增值税一般纳税人资格登记表，进行增值税一般纳税人资格的登记。

实操提示：请登录“学问通”实训平台，进入“纳税实训”课程，进行相关实训操作。

（二）案例 2

1. 实训基础资料

企业名称：健民药店

登记注册类型：个人独资企业

业主：刘凤利，身份证号码为 210602196408202022

经营地址：日港市江城街 116 号

2. 实训业务资料

2016 年 12 月药店设立时经营规模较小，从业人员只有 3 人，为增值税小规模纳税人。2017 年 5 月 31 日销售额累计达到 81 万元。

3. 实训要求

（1）指出该药店最迟应在什么时间向主管税务机关办理一般纳税人登记手续。

（2）填写增值税一般纳税人资格登记表，进行增值税一般纳税人资格的登记。

实操提示：请登录“学问通”实训平台，进入“纳税实训”课程，进行相关实训操作。

项目 2

发票领用与开具实训

【实训目的】

- 掌握纳税人办理发票领用的要求及流程，能够办理发票的领用业务；
- 掌握发票开具的基本要求，能够正确开具各种类型的发票。

任务 2.1 发票的领用

【情景引入】

日港市欣阳金属加工有限公司 2017 年 3 月已经办理好工商注册手续，取得营业执照并完成税务信息补充登记，为增值税一般纳税人。现需要向税务机关领用发票以开展正常经营活动。该公司需要向税务机关提供哪些证件资料，履行哪些手续，才能领用企业经营活动需要的发票？

一、实训要求

能够办理发票的领用业务，正确填写纳税人领用发票票种核定表。

二、相关税法规定

（一）发票的种类

发票是指在购销商品、提供或者接受服务以及从事其他经营活动中，开具、收取的收付款凭证。税务机关是发票的主管机关，负责发票领用、取得、开具及保管的管理。在税收征收管理中，通常将发票分为增值税专用发票、普通发票和专业发票三种。

1. 增值税专用发票

增值税专用发票是增值税一般纳税人销售货物或者提供应税劳务和应税服务开具的发票，是购买方支付增值税税额并可按照增值税有关规定据以抵扣增值税进项税额的凭证。增值税一般纳税人使用增值税专用发票。

增值税专用发票的基本联次为三联，各联次必须按以下规定用途使用。

（1）第一联为记账联，销货方留存作销售记账凭证。

（2）第二联为发票联，购货方作付款的记账凭证。

（3）第三联为税款抵扣联，购货方作扣税凭证。

2. 普通发票

增值税小规模纳税人和增值税一般纳税人在不能开具专用发票的情况下使用增值税普通发票。同增值税专用发票相比，普通发票不具有抵扣功能，没有抵扣联，其余与增值税专用发票基本相同。

3. 专业发票

实际工作中，如果特定的专业部门发票的开具数量巨大，可以由特定的专业部门出具，如铁路、民用航空企业的客票，自来水公司的水费发票等，该类发票为专业发票。

（二）发票领用的要求

企业依法办理了工商税务登记并领取营业执照后，具备向主管税务机关申请领用发票的资格。纳税人取得加载统一社会信用代码的营业执照，在完成补充信息采集后，可代替税务登记证件办理发票的领用。

新登记的增值税一般纳税人和小规模纳税人，应该按照规定安装增值税防伪税控系统。增值税一般纳税人和小规模纳税人初次购买增值税税控系统专用设备支付的费用以及缴纳的技术维护费，允许在增值税应纳税额中全额抵减。

三、发票领用的办理流程

（一）发票核定

1. 纳税人申请

增值税纳税人取得营业执照，完成补充信息采集后，即可向税务机关申请增值税税控系统开具的发票种类（包括增值税专用发票、增值税普通发票以及机动车销售统一发票、增值税电子普通发票）、单次（月）领用数量及增值税普通发票、机动车销售统一发票的最高开票限额。对有增值税专用发票需求的纳税人，还需要同时申请增值税专用发票（增值税税控系统）最高开票限额许可事项。

报送的资料包括纳税人领用发票票种核定表、营业执照、经办人身份证明、发票专用章印模。

2. 税务机关办理

国家税务机关经审核，认为报送资料齐全、符合法定形式、填写内容完整的，受理后在5个工作日内办结，发放发票领用簿。

（二）购买增值税税控专用设备

办理完增值税发票核定后，应及时购买增值税税控专用设备，并办理发行手续。税务机关在增值税税控系统中将税务登记信息、税种税目认定信息、票种核定信息等信息载入金税盘（税控盘）。

（三）发票发放

对已办理发票核定并购买增值税税控专用设备的纳税人，在核定范围内向主管税务机关领用发票。报送的资料包括发票领用簿、营业执照、经办人员身份证明、金税盘（税控盘）。税务机关认为资料齐全、符合法定形式的，即时办结。

四、实训案例

1. 实训基础资料

日港市欣阳金属有限公司经日港市工商行政管理局批准，于2017年3月16日取得了营业执照。该公司基本情况如下。

企业名称：日港市欣阳金属有限公司

社会信用代码：91210681MAOTQELKOQ

法定代表人：张欣，身份证号码为210623196807030977

财务负责人：周明，身份证号码为210623197311010477

办税人员：王静，身份证号码为210623196606210947

注册资本：100万元

经营期限：2017年3月16日至2047年3月15日

开户银行及账号：日港银行，0202110000024711

经营范围：加工、销售：有色金属、黑色金属、电动工具、建筑材料

2. 实训业务资料

办理发票领用事项。

3. 实训要求

（1）指出应由谁办理发票领用事项，列出需要办理的具体事项。

（2）填写纳税人领用发票票种核定表。

（3）指出领用发票应报送的资料。

实操提示：请登录“学问通”实训平台，进入“纳税实训”课程，进行相关实训操作。

任务 2.2　发票的开具

【情景引入】

日港市欣阳金属有限公司为增值税一般纳税人。2017 年 5 月该企业与客户签订合同加工销售产品，该公司应在何时向购货单位开具发票？应开具哪种类型的发票？应如何填写发票内容？

一、实训要求

经济业务发生后，能够按照规定的时点开具增值税专用发票与普通发票，正确填写发票内容。

二、相关税法规定

（一）发票的使用

1. 增值税一般纳税人销售货物、提供加工修理修配劳务和应税行为，使用增值税发票管理系统开具增值税专用发票、增值税普通发票、机动车销售统一发票、增值税电子普通发票。

纳税人发生应税行为，应当向索取增值税专用发票的购买方开具增值税专用发票，但向消费者个人销售货物、劳务、服务、固定资产、无形资产或者不动产不得开具增值税专用发票，向自然人只能开具增值税普通发票。

2. 增值税小规模纳税人销售货物、提供加工修理修配劳务月销售额超过 3 万元（按季纳税 9 万元），或者销售服务、无形资产月销售额超过 3 万元（按季纳税 9 万元），使用增值税发票管理系统开具增值税普通发票、机动车销售统一发票、增值税电子普通发票。

增值税小规模纳税人只能自行开具增值税普通发票、增值税电子普通发票，若对方需要增值税专用发票，需要向税务机关申请代开。

其他纳税人（如自然人）原则上只能通过代开方式开具增值税普通发票，只有销售和租赁不动产的自然人才能申请代开增值税专用发票。

3. 门票、过路（过桥）费发票、定额发票、客运发票和二手车销售统一发票继续使用。

（二）发票的开具时间

纳税义务发生时应开具发票。纳税义务发生时间的规定如下。

（1）纳税人在销售货物、劳务、服务、固定资产、无形资产、不动产过程中或完成后收到款项。

（2）书面合同确定的付款日期。

（3）没有签订合同或合同没有付款日期的，为劳务、服务完成的当天，或货物、固定资产、无形资产和不动产权属变更的当天。

（4）提供建筑服务、租赁服务采取预收款方式的，为收到预收款的当天。

（5）先开具发票的，为开具发票的当天。只要开具发票，纳税义务即发生。

纳税人只要具备上述规定的任意一条，纳税义务就已发生，就应该开具发票。

三、发票开具的具体操作要点

（一）增值税发票开具的一般要求

1.“购买方”栏填开要求

开具增值税专用发票的，需将购买方的4项信息（“名称”“纳税人识别号”“地址及电话”“开户行及账号”）全部填写完整。开具增值税普通发票的，如购买方为企业、非企业性单位（有纳税人识别号）和个体工商户，购买方栏的“名称”“纳税人识别号”为必填项，其他项目可根据实际需要填写；购买方为非企业性单位（无纳税人识别号）和消费者个人的，“名称”为必填项，其他项目可根据实际需要填写。

2.“货物或应税劳务、服务名称”栏填开要求

自2016年5月1日起，纳入新系统推行范围试点的纳税人及新办增值税纳税人，应使用新系统选择相应的编码开具增值税发票。纳税人可预先在新系统内对编码进行初始化设置，开具发票时，带有税收编码的增值税发票票面不作调整，票面中不打印税收编码，税收编码随开票信息一并上传税务机关。

3.“金额”和“价税合计”栏填开要求

纳税人开具增值税发票时“金额”栏应填写不含税金额。纳税人在开具增值税发票时，如不能准确换算不含税金额，可选择“含税金额”选项填入收取的含税收入，开票系统自动换算为不含税金额，“价税合计”栏为系统自动算出，不能人工修改，应等于含税收入。

4. 其他栏次填开要求

“规格型号”“单位”“数量”“单价”栏可按实际业务填写，无此项目可不填。“收款人”“复核”栏可按实际需要填写，“开票人”栏为必填项，“销售方（章）”栏应加盖发票专用章。

（二）红字增值税发票的填开流程

1. 红字增值税专用发票的填开流程

（1）填开并上传开具红字增值税专用发票信息表。

①购买方取得专用发票已用于申报抵扣的，购买方可在增值税发票管理系统中填开并上传开具红字增值税专用发票信息表（以下简称“信息表”），在填开“信息表”时不填写相对应的蓝字专用发票信息，应暂依“信息表”所列增值税税额从当期进项税额中转出，待取得销售方开具的红字专用发票后，与“信息表”一并作为记账凭证。

②购买方取得专用发票未用于申报抵扣，但发票联或抵扣联无法退回的，购买方填开“信息表”时应填写相对应的蓝字专用发票信息。

③销售方开具专用发票尚未交付购买方，以及购买方未用于申报抵扣并将发票联及抵扣联退回的，销售方可在系统中填开并上传“信息表”。销售方填开“信息表”时应填写相对应的蓝字专用发票信息。

（2）税务机关校验通过。

主管税务机关通过网络接收纳税人上传的“信息表”，系统自动校验通过后，生成带有“红字发票信息表编号”的“信息表”，并将信息同步至纳税人端系统中。

（3）开具红字专用发票。

销售方凭税务机关系统校验通过的“信息表”开具红字专用发票，在系统中以销项负数开具。红字专用发票应与“信息表”一一对应。

2. 红字增值税普通发票的填开流程

纳税人需要开具红字增值税普通发票的，可以在所对应的蓝字发票金额范围内开具多份红字发票。红字机动车销售统一发票需与原蓝字机动车销售统一发票一一对应。

（三）差额计税发票的开具要点

企业按照现行政策规定适用差额征税办法缴纳增值税，且不得全额开具增值税发票（财政部、税务总局另有规定的除外）的情况下，自行开具或者税务机关代开增值税发票时，通过系统中差额征税开票功能，录入含税销售额（或含税评估额）和扣除额，系统自动计算税额和不含税金额，备注栏自动打印“差额征税”字样，发票开具不应与其他应税行为混开。

（四）提供建筑服务的开票要点

提供建筑服务的企业自行开具或者税务机关代开增值税发票时，应在发票的备注栏注明建筑服务发生地县（市、区）名称及项目名称。

（五）销售不动产发票的开具要点

销售不动产时，纳税人自行开具或者税务机关代开增值税发票时，应在发票

“货物或应税劳务、服务名称”栏填写不动产名称及房屋产权证书号码（无房屋产权证书的可不填写），“单位”栏填写面积单位，备注栏注明不动产的详细地址。

（六）出租不动产发票的开具要点

纳税人自行开具或者税务机关代开增值税发票时，应在备注栏注明不动产的详细地址。

（七）纳税人申请代开增值税发票的办理流程

提交代开增值税发票缴纳税款申报单；自然人申请代开发票，提交身份证件及复印件；其他纳税人申请代开发票，提交加载统一社会信用代码的营业执照（或税务登记证或组织机构代码证）、经办人身份证件及复印件。

（八）住宿业增值税小规模纳税人自开增值税专用发票的开具要点

1. 该政策限于全国 91 个试点城市月销售额超过 3 万元（或季销售额超过 9 万元）的住宿业增值税小规模纳税人（以下称“试点纳税人”）。

2. 纳税人提供住宿服务、销售货物或发生其他应税行为，需要开具专用发票的，可以通过增值税发票管理新系统自行开具，主管国税机关不再为其代开。纳税人销售其取得的不动产，需要开具专用发票的，仍须向地税机关申请代开。主管税务机关为试点纳税人核定的单份专用发票最高开票限额不超过 1 万元。

3. 纳税人所开具的专用发票应缴纳的税款，应在规定的纳税申报期内，向主管税务机关申报纳税。在填写增值税纳税申报表时，应将当期开具专用发票的销售额，按照 3%和 5%的征收率，分别填写在增值税纳税申报表（小规模纳税人适用）第 2 栏和第 5 栏“税务机关代开的增值税专用发票不含税销售额”的“本期数”相应栏次中。

四、实训案例

（一）案例 1

1. 实训基础资料

企业名称：日港市欣阳金属加工有限公司

社会信用代码：91210681MAOTQELKOQ

法定代表人：张欣，身份证号码为 210623196807030977

财务负责人：周明，身份证号码为 210623197311010477

办税人员：王静，身份证号码为 210623196606210947

注册资本：100 万元

经营期限：2017 年 3 月 16 日至 2047 年 3 月 15 日

开户银行及账号：日港银行，0202110000024711

注册地址：日港市桥南新区飞云路 19 号

营业地址：日港市桥南新区飞云路 19 号

经营范围：加工、销售：有色金属、黑色金属、电动工具、建筑材料

所属行业：3411（金属结构制造）

2. 实训业务资料

该公司发生下列需要开具发票的业务。

【业务 1】 2017 年 6 月 8 日，销售给红方机械有限公司（纳税人识别号：91440111833000018N；地址和电话：广州市黄埔区广信路 66 号，020－57012388；开户银行和账号：中国工商银行黄埔支行，6222020019565629011）2 台电动工具，不含税单价 1 680.00 元，货款未收。

【业务 2】 2017 年 6 月 19 日，加工销售给大方家具有限公司（纳税人识别号：914401118270058102；地址和电话：广州市黄埔区天慧路 123 号，020－57338025；开户银行和账号：中国工商银行黄埔支行，6222020019565638602）铝合金拉手 2 000个，不含税单价 16.00 元，货款未收。

【业务 3】 2017 年 7 月 9 日，6 月份销售给红方机械有限公司的电动工具因质量问题退回 1 台，同时收到退回的增值税发票抵扣联和发票联。该公司已完成 2017 年 6 月份的报税工作。

3. 实训要求

分析上述三笔经济业务，请帮日港市欣阳金属加工有限公司办税人员王静开具 3 张增值税专用发票。

实操提示：请登录“学问通”实训平台，进入“纳税实训”课程，进行相关实训操作。具体请点击“模拟报税”按钮，模拟操作“税控发票开票软件（金税盘版）”，开具增值税专用发票。

（二）案例 2

1. 实训基础资料

企业名称：日港市创慧广告服务有限公司

社会信用代码：91210681MA12135662

开户银行及账号：日港银行，0202110000158309

注册地址：日港市桥东江东区慕云路 46 号

营业地址：日港市桥东江东区慕云路 46 号

电话号码：0534－8668900

主要经营范围：平面设计、3D 设计、园林设计、环境设计、建筑设计、印刷、喷绘、雕刻、广告灯箱、LED 电子显示屏、电子灯箱、户外喷绘、写真展板、海报吊旗、旗类展架条幅、车体墙体广告

所属行业：7240（广告业）

2. 实训业务资料

2017年6月公司发生如下经济业务。

【业务1】 12日，为核力实业股份有限公司（纳税人识别号：914401115628B10967；地址和电话：广州市黄埔区汇星路162号，020－58230816；开户银行和账号：中国工商银行黄埔支行，6222020019565639909）提供广告设计，款项8 000.00元（不含税价）未收，开具增值税专用发票，发票内容注明广告设计。

【业务2】 强康日用品有限公司（纳税人识别号：914401115670922781；地址和电话：广州市黄埔区东众路29号，020－57203371；开户银行和账号：中国工商银行黄埔支行，6222020019565628033）需要3D设计服务，公司于26日给该公司提供了设计方案，款项21 200.00元（含税价），开具增值税专用发票。

【业务3】 公司为洪涛实业有限公司（纳税人识别号：91440111780912124N；地址和电话：广州市黄埔区东众路211号，020－53780926；开户银行和账号：中国工商银行黄埔支行，6222020019565637720）提供产品设计方案，款项63 600.00元（含税价），开具增值税专用发票。

3. 实训要求

分析上述三笔经济业务，请帮日港市创慧广告服务有限公司会计林倩开具3张增值税专用发票。

实操提示：请登录“学问通”实训平台，进入“纳税实训”课程，进行相关实训操作。具体请点击“模拟报税”按钮，模拟操作“税控发票开票软件（金税盘版）”，开具增值税专用发票。

项目 3

增值税纳税实训

【实训目的】

- 掌握增值税纳税义务发生时间及适用的增值税税率；
- 掌握增值税一般纳税人的报税流程及涉税业务的税务处理；
- 熟练填写增值税一般纳税人纳税申报表并办理纳税申报相关业务；
- 熟练办理小规模纳税人增值税纳税申报的相关业务。

任务 3.1 增值税一般纳税人的纳税申报

【情景引入】

明华食品有限责任公司为增值税一般纳税人，是广宁省安阳市一家企业，主要生产销售各种罐头，当地税务机关核定其按月缴纳增值税，该公司在一个纳税期限内应进行哪些税务处理？如何正确填写增值税纳税申报表并进行增值税纳税申报？

一、实训要求

计算公司在一个纳税期限内的应纳增值税税额，填写增值税纳税申报表，完成增值税纳税申报工作。

二、相关税法规定

（一）增值税的税率

我国增值税采用比例税率形式。由于增值税纳税人分为一般纳税人和小规模纳税人，采用的征收方法不同，对一般纳税人采用的是税率，对小规模纳税人采用征收率。

1. 增值税一般纳税人销售货物或者进口货物、提供劳务，除另有规定者外，均适用基本税率。

（1）增值税的基本税率为17%。

（2）增值税一般纳税人销售或者进口下列货物，按13%税率计征增值税。

①粮食、食用植物油；

②自来水、暖气、冷气、热水、煤气、石油液化气、天然气、沼气、居民用煤炭制品；

③图书、报纸、杂志；

④饲料、化肥、农药、农机、农膜；

⑤国务院规定的其他货物，包括农产品、音像制品、电子出版物、二甲醚，以及属于农机范围的密集型烤房设备、频振式杀虫灯、自动虫情测报灯、粘虫板等。

2. 增值税一般纳税人销售服务、无形资产或不动产，除另有规定适用税率者外，均适用6%税率。

（1）提供交通运输、邮政、基础电信、建筑、不动产租赁服务，销售不动产，转让土地使用权，税率为11%；

（2）提供有形动产租赁服务，税率为17%。

（二）应纳增值税税额的计算

增值税一般纳税人销售货物、提供劳务、销售服务、无形资产或不动产，采用一般计税方法计算缴纳增值税。其计算公式为

当期应纳增值税税额＝当期销项税额－当期进项税额

当期销项税额小于当期进项税额不足抵扣时，其不足部分可以结转下期继续抵扣。

（三）纳税义务发生时间的确认

1. 一般规定

（1）纳税人销售货物或者提供劳务和服务，其纳税义务发生时间为收讫销售款项或者取得索取销售款项凭据的当天；先开具发票的，为开具发票的当天。

（2）纳税人进口货物，其纳税义务发生时间为报关进口的当天。

（3）增值税扣缴义务发生时间为纳税人增值税纳税义务发生的当天。

2. 具体规定

纳税人收讫销售款项或者取得索取销售款项凭据的当天，按销售结算方式不同，具体规定如下。

（1）采取直接收款方式销售货物，不论货物是否发出，均为收到销售款或者取得索取销售款凭据的当天；对于纳税人生产经营活动中采取直接收款方式销售货物，已将货物移送对方并暂估销售收入入账，但既未取得销售款或取得索取销售款凭据也未开具销售发票的，其纳税义务发生时间为取得销售款或取得索取销售凭据的当天；先开具发票的，为开具发票的当天。

(2) 采取托收承付和委托银行收款方式销售货物，为发出货物并办妥托收手续的当天。

(3) 采取赊销和分期收款方式销售货物，为书面合同约定的收款日期的当天，无书面合同的或者书面合同没有约定收款日期的，为货物发出的当天。

(4) 采取预收货款方式销售货物，为货物发出的当天，但生产销售生产工期超过12个月的大型机械设备、船舶、飞机等货物，为收到预收款或者书面合同约定的收款日期的当天。

(5) 委托其他纳税人代销货物，为收到代销单位的代销清单、收到全部或者部分货款的当天。未收到代销清单及货款的，为发出代销货物满180天的当天。

(6) 销售应税劳务，为提供劳务同时收讫销售款或者取得索取销售款的凭据的当天。

(7) 纳税人发生的视同销售货物行为，为货物移送的当天。

(8) 纳税人提供有形动产租赁服务采取预收款方式的，其纳税义务发生时间为收到预收款的当天。

(9) 纳税人发生视同提供服务的，其纳税义务发生时间为服务完成的当天。

三、增值税一般纳税人申报流程

国家税务总局"金税三期"网上申报系统依托"国家税务总局网上办税服务厅"网站实现，将分期实现税务登记、申报征收、发票管理、税收认定、税收证明、税收优惠、征纳互动等服务功能。目前，纳税申报都采用网上进行，增值税一般纳税人的网上申报流程如下。

1. 抄税。每月1日进入金税系统，点击"报税处理/抄报税管理/抄税处理"菜单或导航图中的"抄税处理"，系统弹出"请选择抄税期"对话框，选本期资料，点击"确定"。系统自动将本期税额抄写到税控盘上，并提示"发票抄税处理成功"，点击"确定"。

2. 打印销项报表。抄完税后，点击"报税处理/抄报税管理/发票资料查询打印"，系统弹出"发票资料查询打印"对话框，选择发票种类，选择月份、所属税期，打印本月发生的发票汇总表及明细清单。

3. 报税。读取金税盘报税状态，打开"远程报税"，点击"报税状态"，系统提示，金税盘状态读取成功，可进行远程报税，点击"确定"，再点击"远程报税"，系统提示"正在准备报税数据向税务局提交，请稍候"，如果操作成功，系统将提示"提交成功，请稍后查询报税结果！"点击"确定"。稍后点击"报税结果"，系统弹出报税结果查询窗口，可以进行报税结果查询。

4. 清卡。抄报税后，进入开票系统，进入远程抄报，点击"清卡操作"按钮，系统弹出“清卡操作成功”，点击“确定”。

5. 网上报税。进入网上纳税申报系统，填写增值税纳税申报表，检查报表无误，上传报表。如果操作成功，系统将提示提交成功，如果纳税人已开通银税联网三方协议，此时系统会提示是否扣款，进入网上纳税申报系统，点击“扣款”，系统会显示扣款成功。

四、实训案例

（一）案例 1

1. 实训基础资料

以情景引入的资料为本实训案例。

明华食品有限责任公司为增值税一般纳税人，是广宁省安阳市一家企业，主要生产销售各种罐头，下设一非独立核算的门市部，向消费者直接销售各种罐头，公司配有货车负责运输所售产品，不对外提供运输服务。该公司销售的产品适用 17% 的增值税税率，公司按月缴纳增值税。

2. 实训业务资料

2017 年 3 月，发生下列与增值税有关的经济业务。

【业务 1】 3 月 2 日，从南田制糖厂购入原材料白糖 15 吨，每吨不含税价格为 3 200 元，取得增值税专用发票注明的价款为 48 000 元，进项税额为 8 160 元，该批白糖由安阳市铁路局承运，运费专用发票注明金额 3 000 元，税额 330 元，全部款项通过银行转账支付。材料已验收入库，发票已通过税务机关认证。

实操提示：见纳税实训单据簿（以下简称“单据簿”）第 1～3 页的增值税专用发票（抵扣联）（单据 3－1－1）、增值税专用发票（发票联）（单据 3－1－2）、增值税专用发票（抵扣联）（单据 3－1－3）、增值税专用发票（发票联）（单据 3－1－4）、转账支票存根（单据 3－1－5）、转账支票存根（单据 3－1－6）。

【业务 2】 3 月 5 日，从草莓生产专业户王强手中收购草莓 8 000 千克，向其开具农产品收购发票，注明每千克买价 7.5 元，向其支付收购款金额为 60 000 元，草莓已验收入库。

实操提示：见单据簿第 3 页的农产品收购统一发票（单据 3－2－1）。

【业务 3】 3 月 7 日，向红盛商贸有限公司销售各种罐头（清单资料见表 3－1－1），该业务已开具增值税专用发票，注明价款 250 000 元，增值税 42 500 元，款项已通过银行转账收讫。

表3-1-1　　　　罐头清单资料

货物名称（型号）	数量（箱）	不含税单价（元）
草莓罐头	50	700.00
山楂罐头	120	400.00
蘑菇罐头	45	600.00
野菜罐头	80	450.00
黄桃罐头	180	300.00
鱼罐头	100	500.00

实操提示： 见单据簿第4页的增值税专用发票（记账联）（单据3-3-1）、中国工商银行进账单（收账通知）（单据3-3-2）。

【业务4】　3月8日，公司为庆祝新研制的蓝莓罐头正式上线生产和三八国际妇女节，总经理办公会研究决定，将首批生产的10箱蓝莓罐头作为福利发放给职工个人，该罐头为新产品，暂无市场售价，这10箱蓝莓罐头的生产成本为8 000元。

实操提示： 见单据簿第5页的出库单（单据3-4-1）。

【业务5】　3月10日，缴纳上月应纳增值税额32 000元。

实操提示： 见单据簿第5页的税收缴款书（单据3-5-1）。

【业务6】　3月13日，从国外进口罐头生产加工设备一套，关税完税价格为230 000元，增值税额为39 100元，取得海关进口增值税专用缴款书1份，设备已安装完成投入使用，取得的增值税专用缴款书已通过税务机关认证。

实操提示： 见单据簿第6页的海关进口增值税专用缴款书（单据3-6-1）。

【业务7】　3月15日，向江都酒店销售板栗罐头50箱，每箱单价702元（含税价），向该酒店开具增值税普通发票，款项已通过银行转账收讫。

实操提示： 见单据簿第6～7页的增值税普通发票（记账联）（单据3-7-1）、中国工商银行进账单（收账通知）（单据3-7-2）。

【业务8】　3月16日，采购部向江宁平板玻璃厂购进罐头瓶25万只，每只不含税价为0.16元，货已到，款已用银行存款支付，并取得了增值税专用发票，金额40 000元，增值税6 800元。另外发生运费7 770元（含税），取得顺发运输有限公司开具的货物运输业增值税专用发票，金额7 000元，增值税770元。发票均已通过税务机关认证。

实操提示： 见单据簿第7～9页的增值税专用发票（抵扣联）（单据3-8-1）、增值税专用发票（发票联）（单据3-8-2）、增值税专用发票（抵扣联）（单据3-8-3）、增值税专用发票（发票联）（单据3-8-4）、转账支票存根（单据3-8-5）、转账支票存根（单据3-8-6）。

【业务9】　3月17日，缴纳固定电话费合计5 550元，取得广宁电信公司安阳分公司开具的增值税专用发票发票。

实操提示： 见单据簿第10～11页的增值税专用发票（抵扣联）（单据3-9-1）、增值税专用发票（发票联）（单据3-9-2）、托收凭证（付款通知）（单据3-9-3）。

【业务10】 3月19日，销售给乐买超市有限公司罐头（清单资料见表3-1-2），已开具增值税专用发票，注明价款322 000元，增值税54 740元，款项已通过银行转账收讫。

表3-1-2 **罐头清单资料**

货物名称（型号）	数量（箱）	不含税单价（元）
草莓罐头	60	700.00
山楂罐头	125	400.00
蘑菇罐头	55	600.00
野菜罐头	80	450.00
黄桃罐头	200	300.00
鱼罐头	100	500.00
板栗罐头	85	600.00

实操提示： 见单据簿第11～12页的增值税专用发票（记账联）（单据3-10-1）、中国工商银行进账单（收账通知）（单据3-10-2）。

【业务11】 3月21日，从善宝冷库食品有限公司购进冷冻小黄鱼12吨，每吨不含税价为7 500元，货已到，款已支付，取得了增值税专用发票，金额90 000元，增值税11 700元，该货物适用的增值税税率为13%，发票已通过税务机关认证。

实操提示： 见单据簿第12～13页的增值税专用发票（抵扣联）（单据3-11-1）、增值税专用发票（发票联）（单据3-11-2）、转账支票存根（单据3-11-3）。

【业务12】 3月22日，企业职工食堂领用本月购进的白糖0.5吨，价值1 700元。

实操提示： 见单据簿第13页的领料单（单据3-12-1）。

【业务13】 3月24日，将企业生产的黄桃罐头捐赠给福利院5箱，该产品不含税售价1 500元，成本1 000元。

实操提示： 见单据簿第14页的出库单（单据3-13-1）。

【业务14】 3月26日，业务员报销差旅费，其中取得如家快捷酒店有限公司开具的增值税专用发票，注明金额5 000元，税率6%，增值税300元；取得兴隆旅馆自开的小规模纳税人增值税专用发票，注明金额2 000元，税率3%，增值税60元，发票已通过税务机关认证。

实操提示： 见单据簿第14～16页的增值税专用发票（抵扣联）（单据3-14-1）、增值税专用发票（发票联）（单据3-14-2）、增值税专用发票（抵扣联）（单据3-14-3）、增值税专用发票（发票联）（单据3-14-4）。

【业务15】　3月27日，支付2017年税控专用设备维护费490元，取得安阳航天金穗电子有限公司开具的设备维护费发票。

实操提示：见单据簿第16～17页的增值税专用发票（抵扣联）（单据3-15-1）、增值税专用发票（发票联）（单据3-15-2）。

【业务16】　3月28日，取得振兴加油站开具的增值税专用发票，注明柴油2 000升，不含税单价5.2元，金额10 400元，税率17%，增值税1 768元，发票已通过税务机关认证。

实操提示：见单据簿第17～18页的增值税专用发票（抵扣联）（单据3-16-1）、增值税专用发票（发票联）（单据3-16-2）。

【业务17】　本月生产经营用水8 200吨，不含税价格为3元/吨，金额24 600元，已用银行存款支付，3月30日取得了安阳市自来水有限公司开具的增值税专用发票，增值税税率为13%，增值税3 198元，发票已通过税务机关认证。

实操提示：见单据簿第18～19页的增值税专用发票（抵扣联）（单据3-17-1）、增值税专用发票（发票联）（单据3-17-2）。

【业务18】　本月生产经营用电14 000度，不含税价格为1.8元/度，金额25 200元，已用银行存款支付，3月30日取得了安阳市电力有限公司开具的增值税专用发票，增值税税率为17%。增值税4 284元，发票已通过税务机关认证。

实操提示：见单据簿第19～20页的增值税专用发票（抵扣联）（单据3-18-1）、增值税专用发票（发票联）（单据3-18-2）。

【业务19】　3月30日，由于管理不善，上月从农民手中收购的板栗霉烂变质一批，金额8 700元，该批板栗为上月购入，是按收购发票注明的买价乘以13%计算的进项税额，该进项税额在购入当月已抵扣。

实操提示：见单据簿第20页的资产清查报告单（单据3-19-1）。

【业务20】　本月共取得高速公路通行费发票3 800元，一级公路、二级公路、桥、闸通行费发票6 300元。

实操提示：见单据簿第21页的高速公路车辆通行费统一发票（单据3-20-1）、过路过桥通行费统一发票（单据3-20-2）。

【业务21】　公司非独立核算门市部主要顾客是直接消费者，销售商品均未开具发票，3月30日门市部负责人将3月份的销售统计表（见表3-1-3）交回公司财务部。

表3-1-3　　**销售门市部3月份销售统计表**

货物名称（型号）	数量（瓶）	含税销售收入（元）
草莓罐头	205	2 460.00
山楂罐头	328	2 624.00

续前表

货物名称（型号）	数量（瓶）	含税销售收入（元）
蘑菇罐头	141	1 410.00
野菜罐头	136	1 224.00
黄桃罐头	369	2 952.00
鱼罐头	260	3 380.00
板栗罐头	178	1 780.00
合计		15 830.00

3. 实训要求

根据上述业务，填写增值税纳税申报表（一般纳税人适用）。

实操提示：请登录“学问通”实训平台，进入“纳税实训”课程，进行相关实训操作。具体点击“模拟报税”按钮，模拟操作“国税网上申报”业务流程，完成增值税一般纳税人纳税申报业务。

（二）案例 2

1. 实训基础资料

企业名称：星科塑料制品有限公司

社会信用代码：91440600DNPOBCQ092

注册地址及电话：东阳市和平区太原街 119 号，0379－3405860

法定代表人：张明辉，身份证号码为 210196510092280562

财务负责人：李佳楠

办税人员：江雯欣

注册资本：5 000 万元

开户银行及账号：中国招商银行和平支行，3288016042220037

国税局税务登记类型：增值税一般纳税人

经营范围：厨房用家电产品的生产及销售

2. 实训业务资料

星科塑料制品有限公司 2017 年 3 月发生如下经济业务。

【业务 1】 应交税费——应交增值税明细账的期初借方余额 1 000 元。

【业务 2】 3 月 2 日，从胜利模具厂购进塑料盆模具一批，取得防伪税控系统开具的增值税专用发票，该发票已经通过税务机关认证，发票上注明价款 20 000 元，增值税税款 3 400 元。模具已经验收入库，货款及运费已付讫。

【业务 3】 3 月 6 日，从华泰塑料厂购进塑料颗粒 30 吨，不含税单价 9 000 元，取得防伪税控系统开具的增值税专用发票，发票上注明价款 270 000 元，增值税税款 45 900 元；取得铁路运输部门开具的运费增值税专用发票一张，金额 8 000

元，增值税税款880元。发票已经通过税务机关认证，材料已经验收入库，货款及运费已付讫。

【业务4】　3月10日，从达庆模具机械厂购进塑料凳模具一批，取得防伪税控系统开具的增值税专用发票，该发票已经通过税务机关的认证，发票上注明价款35 000元，增值税税款5 950元。货款已付，模具已验收入库。

【业务5】　3月13日，以直接收款的方式销售给利民批发公司塑料盆25 000个，每个单价8元，塑料凳4 000个，每个单价22.5元；开出的增值税专用发票上注明的价款为290 000元，增值税税款为49 300元。货物已经发出，货款已收。

【业务6】　3月15日，销售给爱家超市塑料盆5 000个，每个单价8元；塑料凳800个，每个单价25元；塑料箱500个，每个单价32元。开出的增值税发票上注明的价款为76 000元，增值税税款为12 920元。货物已经发出，货款尚未收到。

【业务7】　3月18日，从宏利化工厂（小规模纳税人）购进添加剂1吨，取得普通发票，价税合计4 000元。

【业务8】　3月21日，销售给润辉超市塑料桶4 000个，每个单价15元；塑料凳1 000个，每个单价25元；塑料箱750个，每个单价32元。开出的增值税发票上注明的价款为109 000元，增值税税款为18 530元。货物已经发出，货款已收。

【业务9】　3月20日，将生产的塑料盆10个、塑料桶4个、塑料箱2个用于单位食堂。

【业务10】　3月24日，购进塑料生产线一条，取得防伪税控系统开具的增值税专用发票，该发票已经通过税务机关的认证，发票上注明价款100 000元，增值税税款17 000元，款项尚未支付。

【业务11】　3月25日，支付本月生产用电费，取得防伪税控系统开具的增值税专用发票，该发票已经通过税务机关的认证，发票上注明价款60 000元，增值税税款10 200元，款项已支付。

【业务12】　3月28日，支付本月生产用水费，取得防伪税控系统开具的增值税专用发票，该发票已经通过税务机关的认证，发票上注明价款9 000元，增值税税款1 170元，款项已支付。

【业务13】　3月29日，支付2017年税控专用设备维护费490元，取得东阳航天金穗电子有限公司开具的设备维护费发票。

【业务14】　3月30日，通过教育部门向全市小学捐赠塑料水桶1 000个。

3. 实训要求

(1) 计算星科塑料制品有限公司2017年3月应缴纳的增值税税额。

(2) 填写增值税纳税申报表（一般纳税人适用）。

实操提示：请登录“学问通”实训平台，进入“纳税实训”课程，进行相关实训操作。具体点击“模拟报税”按钮，模拟操作“国税网上申报”业务流程，完成

增值税一般纳税人纳税申报业务。

任务 3.2 增值税小规模纳税人的纳税申报

【情景引入】

久盛商贸有限公司系增值税小规模纳税人，主要从事商品的批发与零售业务。当地税务机关核定该公司按季度缴纳增值税。该公司在一个纳税期限内应进行哪些税务处理？如何正确填写增值税纳税申报表？如何进行增值税纳税申报？

一、实训要求

计算公司在一个纳税期限内的应纳增值税税额，填写增值税纳税申报表，完成增值税纳税申报工作。

二、相关税法规定

（一）增值税小规模纳税人、征收率

1. 小规模纳税人的标准

（1）从事货物生产或者提供应税劳务的纳税人，以及以从事货物生产或者提供应税劳务为主，并兼营货物批发或者零售的纳税人，年应征增值税销售额（以下简称“应税销售额”）在 50 万元以下（含本数，下同）的。

以从事货物生产或者提供应税劳务为主，是指纳税人的年货物生产或者提供应税劳务的销售额占年应税销售额的比重在 50%以上。

（2）对上述规定以外的纳税人（不含“营改增”试点的纳税人），年应税销售额在 80 万元以下的。

（3）销售服务、无形资产或者不动产的年应税销售额未超过 500 万元的试点纳税人。

2. 征收率

（1）一般规定。

小规模纳税人增值税征收率为 3% 。

（2）其他规定。

小规模纳税人（除其他个人外，下同）销售自己使用过的固定资产和旧货，减按 2%征收率征收增值税；小规模纳税人销售自己使用过的除固定资产以外的物品，应按 3%的征收率征收增值税。

(3) 小规模纳税人适用5%征收率的情况。

小规模纳税人转让和以经营租赁方式出租不动产，适用5%的征收率。具体规定如下。

①小规模纳税人销售其取得（不含自建）的不动产（不含个体工商户销售购买的住房和其他个人销售不动产），应以取得的全部价款和价外费用减去该项不动产购置原价或者取得不动产时的作价后的余额为销售额，按照5%的征收率计算应纳税额。纳税人应按照上述计税方法在不动产所在地预缴税款后，向机构所在地主管税务机关进行纳税申报。

②小规模纳税人销售其自建的不动产，应以取得的全部价款和价外费用为销售额，按照5%的征收率计算应纳税额。纳税人应按照上述计税方法在不动产所在地预缴税款后，向机构所在地主管税务机关进行纳税申报。

③房地产开发企业中的小规模纳税人，销售自行开发的房地产项目，按照5%的征收率计税。

④其他个人销售其取得（不含自建）的不动产（不含其购买的住房），应以取得的全部价款和价外费用减去该项不动产购置原价或者取得不动产时的作价后的余额为销售额，按照5%的征收率计算应纳税额。

⑤小规模纳税人出租其取得的不动产（不含个人出租住房），应按照5%的征收率计算应纳税额。纳税人出租与机构所在地不在同一县（市）的不动产，应按照上述计税方法在不动产所在地预缴税款后，向机构所在地主管税务机关进行纳税申报。

（二）增值税小规模纳税人应纳税额的计算

1. 应纳税额的计算公式

小规模纳税人销售货物或提供应税劳务及提供应税服务，实行按照销售额和征收率计算应纳税额的简易办法，并不得抵扣进项税额。其计算公式为

$$应纳税额=销售额\times征收率$$

公式中销售额与增值税一般纳税人计算应纳增值税的销售额规定内容一致，是销售货物或提供应税劳务及提供应税服务向购买方收取的全部价款和价外费用，但不包括按征收率收取的增值税税额。

2. 含税销售额的换算

小规模纳税人销售货物或者应税劳务采用销售额和应纳税额合并定价方法的，按下列公式计算销售额：

$$销售额=\frac{含税销售额}{1+征收率}$$

3. 小规模纳税人销售使用过的物品应纳税额的计算

小规模纳税人（除其他个人外）销售自己使用过的固定资产和旧货，按下列公式确定销售额和应纳税额：

$$销售额=\frac{含税销售额}{1+3\%}$$

$$应纳税额=销售额\times 2\%$$

（三）小规模纳税人的起征点

自 2014 年 10 月 1 日起至 2015 年 12 月 31 日，增值税小规模纳税人月销售额不超过 3 万元（含 3 万元）、季度不超过 9 万元（含 9 万元）的，免征增值税。

（四）小规模纳税人自开增值税专用发票的相关规定

1. 试点行业

（1）自 2016 年 8 月 1 日起，首先在全国 91 个城市的住宿业增值税小规模纳税人展开试点。

（2）自 2017 年 3 月 1 日起，扩大到全国范围内的鉴证咨询业增值税小规模纳税人。

2. 试点范围

要求上述行业的小规模纳税人月销售额超过 3 万元（或季销售额超过 9 万元）。

3. 试点内容

（1）住宿业增值税小规模纳税人提供住宿服务、销售货物或发生其他应税行为，需要开具专用发票的，可以通过增值税发票管理新系统自行开具，主管国税机关不再为其代开。鉴证咨询业增值税小规模纳税人提供认证服务、鉴证服务、咨询服务、销售货物或发生其他增值税应税行为，需要开具专用发票的，可以通过增值税发票管理新系统自行开具，主管国税机关不再为其代开。

（2）试点纳税人销售其取得的不动产，需要开具专用发票的，仍须向地税机关申请代开。

（3）主管税务机关为试点纳税人核定的单份专用发票最高开票限额不超过 1 万元。

（4）试点纳税人所开具的专用发票应缴纳的税款，应在规定的纳税申报期内，向主管税务机关申报纳税。在填写增值税纳税申报表时，应将当期开具专用发票的销售额，按照 3%和 5%的征收率，分别填写在增值税纳税申报表（小规模纳税人适用）第 2 栏和第 5 栏“税务机关代开的增值税专用发票不含税销售额”的“本期数”相应栏次中。

（五）小规模纳税人的申报期

自 2016 年 4 月 1 日起，增值税小规模纳税人缴纳增值税、消费税、文化事业建设费，以及随增值税、消费税附征的城市维护建设税、教育费附加等税费，原则上实行按季申报。

纳税人要求不实行按季申报的，由主管税务机关根据其应纳税额大小核定纳税期限。

三、增值税小规模纳税人申报流程

增值税小规模纳税人不能抵扣进项税额，应纳税额的多少只受销售额的影响，其纳税申报流程比较简单，通过登录“国税网上申报系统”进行网上申报，填写相关报表。使用增值税发票系统升级版的按季申报的增值税小规模纳税人，还需要每月进行清卡操作。

四、实训案例

（一）案例1

1. 实训基础资料

以情景引入的资料为本实训案例。

久盛商贸有限公司系增值税小规模纳税人，主要从事商品的批发与零售业务，适用3%的征收率。当地税务机关核定该公司按季度缴纳增值税。

2. 实训业务资料

久盛商贸有限公司2017年二季度发生下列与增值税有关的经济业务。

【业务1】 4月12日，销售给天力公司文件柜、资料架等办公用品一批，按对方要求到税务机关代开增值税专用发票，发票列明文件柜8个，每个不含税价格600元；资料架15个，每个不含税价格240元。共收到8 652元存入银行。

【业务2】 5月18日，批发给欣羽文化商店文件柜60个，每个含税单价590元；笔记本2 000个，每个含税4.5元；水性笔30 000支，每个含税单价0.8元。共取得含税销售收入68 400元，利用税控器具开具普通发票，货款已经收到。

【业务3】 6月25日，批发给联众宾馆浴巾1 000条，每条含税单价26.8元；毛巾1 500个，每条含税5.2元。共取得含税销售收入34 600元。利用税控器具开具普通发票，货款已经收到。

【业务4】 5月26日，将公司已经使用过的汽车销售给王某，并在二手车市场办理了过户手续，共取得含增值税销售收入61 800元，款项已存入银行。

【业务5】 汇总二季度直接向消费者个人销售报表，共取得含税收入38 110元。

3. 实训要求

根据上述业务，填写增值税纳税申报表（小规模纳税人适用）。

实操提示：请登录“学问通”实训平台，进入“纳税实训”课程，进行相关实训操作。具体点击“模拟报税”按钮，模拟操作“国税网上申报”业务流程，完成

增值税小规模纳税人纳税申报业务。

（二）案例 2

1. 实训基础资料

企业名称：鑫鑫面包有限公司

社会信用代码：9146230201ANOPQAN1

法定代表人：赵宜迪，身份证号码为 210197008222204323

财务负责人：朱莹

办税人员：袁月月

注册资本：50 万元

开户银行及账号：中国农业银行江阳支行，216002500033021982 7

注册地址及电话：北岭市江阳区宾江路 98 号，0415－6162428

国税局税务登记类型：增值税小规模纳税人

经营范围：主营面包的生产批发零售，兼营月饼、糕点等系列食品

2. 实训业务资料

鑫鑫面包有限公司 2017 年二季度发生下列与增值税有关的经济业务。

【业务 1】 4 月 10 日，销售面包一批，取得含税销售收入 92 700 元，利用税控器具开具普通发票，共计 14 张。货款已经入账。

【业务 2】 5 月 16 日，销售蛋糕一批，取得含税销售收入 49 440 元，利用税控器具开具普通发票，共计 9 张。货款已经入账。

【业务 3】 6 月 20 日，销售给华润超市饼干一批，取得不含税销售额 25 000 元，由税务机关代开增值税专用发票。

【业务 4】 6 月 25 日，销售已经使用过的面包机 3 台给好快乐面包厂，取得含增值税销售收入 52 000 元，利用税控器具开具普通发票 1 张。

【业务 5】 6 月 28 日，将本厂新研制的点心作为样品赠送给多家超市，供顾客品尝。该批点心无同类货物的销售价格，生产成本为 6 000 元。

3. 实训要求

（1）计算鑫鑫面包有限公司 2017 年二季度应缴纳的增值税税额。

（2）填写增值税纳税申报表（小规模纳税人适用）。

实操提示：请登录“学问通”实训平台，进入“纳税实训”课程，进行相关实训操作。具体点击“模拟报税”按钮，模拟操作“国税网上申报”业务流程，完成增值税小规模纳税人纳税申报业务。

项目 4

消费税纳税实训

【实训目的】

- 了解消费税的纳税人、税目、税率；
- 掌握消费税纳税环节及纳税义务发生时间；
- 掌握消费税应纳税额的计算；
- 熟练填写消费税纳税申报表并办理纳税申报相关业务。

【情景引入】

红星卷烟厂为增值税一般纳税人，主要从事卷烟的生产、销售，是广宁省安阳市一家取得烟草专卖生产企业许可证的工业企业，主要生产销售蓝光（甲类卷烟）和利民（乙类卷烟）两种卷烟。当地税务机关核定该卷烟厂按月缴纳增值税和消费税。2017 年 4 月，该卷烟厂销售各类卷烟取得收入。该卷烟厂在一个纳税期限内应纳的消费税是多少？应如何进行消费税的纳税申报？

一、实训要求

计算公司在一个纳税期限内的应纳消费税税额，填写消费税申报表，完成消费税纳税申报工作。

二、相关税法规定

（一）消费税的纳税人、税目、税率

1. 纳税人

在中华人民共和国境内生产、委托加工和进口应税消费品的单位和个人，以及国务院确定的销售应税消费品的其他单位和个人，为消费税的纳税人。

消费税的纳税人具体包括以下几类。

（1）生产销售（包括自用）应税消费品的，以生产销售的单位和个人为纳税人；

（2）委托加工应税消费品的，以委托加工的单位和个人为纳税人；

(3) 进口应税消费品的，以进口的单位和个人为纳税人；

(4) 零售金银首饰、铂金首饰、钻石及钻石饰品的，以零售的单位和个人为纳税人；

(5) 批发卷烟的单位和个人为纳税人；

(6) 将超豪华小汽车销售给消费者的单位和个人为超豪华小汽车零售环节纳税人。

2. 税目

我国现行消费税共设置了15个税目，有的税目还进一步划分若干子目和细目。

3. 税率

消费税的税率有两种形式：一种是比例税率；另一种是定额税率，即单位税额。消费税税率形式的选择，主要是根据课税对象的具体情况来确定，对一些供求基本平衡、价格差异不大、计量单位规范的消费品，选择计税简便的定额税率，如黄酒、啤酒、成品油等；对一些供求矛盾突出、价格差异较大、计量单位不规范的消费品，选择比例税率，如高档化妆品、小汽车等。为了更有效地保全消费税税基，对一些应税消费品如卷烟、白酒，则采用了定额税率和比例税率双重征收形式。

消费税采用列举法按具体应税消费品设置税目税率，征税界限清楚，一般不易发生错用税率的情况。

（二）消费税的纳税环节

1. 纳税人生产的应税消费品，由生产者于销售环节纳税；

2. 纳税人自产自用的应税消费品，应当于移送使用环节纳税；

3. 委托加工的应税消费品，应由受托方于委托方提货时代收代缴税款，委托个人加工的应税消费品，由委托方收回后缴纳消费税；

4. 卷烟的批发，由批发卷烟者在批发环节纳税；

5. 金银首饰、钻石及钻石饰品、铂金首饰的消费税在零售环节征收；

6. 进口的应税消费品，由进口报关者于报关进口环节纳税；

7. 对超豪华小汽车，在生产（进口）环节按现行税率征收消费税基础上，在零售环节加征消费税，税率为10%。

（三）消费税的纳税义务发生时间

1. 纳税人销售应税消费品的，按不同的销售结算方式，纳税义务发生时间分别为：

(1) 采取赊销和分期收款结算方式的，为书面合同约定的收款日期的当天，书面合同没有约定收款日期或者无书面合同的，为发出应税消费品的当天；

(2) 采取预收货款结算方式的，为发出应税消费品的当天；

(3) 采取托收承付和委托银行收款方式的，为发出应税消费品并办妥托收手续的当天；

(4) 采取其他结算方式的，为收讫销售款或者取得索取销售款凭据的当天。

2. 纳税人自产自用应税消费品的，为移送使用的当天。

3. 纳税人委托加工应税消费品的，为纳税人提货的当天。

4. 纳税人进口应税消费品的，为报关进口的当天。

5. 纳税人批发卷烟的，为收讫销售款或者取得索取销售款凭据的当天。

(四) 消费税的计算

1. 从价定率征收消费税应纳税额的计算

在从价定率办法下，纳税人按照应税消费品的销售额和适用税率计算应纳税额。其计算公式为：

$$应纳税额=应税消费品的销售额\times比例税率$$

(1) 生产销售应税消费品应纳税额的计算。

①销售额的一般规定。销售额是指纳税人销售应税消费品向购买方所收取的全部价款和价外费用。

②含增值税销售额的换算。应税消费品的销售额，不包括应向购货方收取的增值税税款。如果纳税人应税消费品的销售额中未扣除增值税税款，或者因不得开具增值税专用发票而发生价款和增值税税款合并收取的，在计算消费税时，应当换算为不含增值税税款的销售额。其换算公式为：

$$销售额=\frac{含税销售额}{1+增值税税率或征收率}$$

③包装物的规定。纳税人销售应税消费品连同包装物销售的，无论包装物是否单独计价，也不论在会计上如何核算，均应并入应税消费品的销售额中征收消费税。

如果包装物不作价随同产品销售，而是收取押金，此项押金则不应并入应税消费品的销售额中征税。但对因逾期未收回的包装物不再退还的或者已收取的时间超过12个月的押金，应并入应税消费品的销售额，按照应税消费品的适用税率缴纳消费税；对既作价随同应税消费品销售，又另外收取的包装物押金，凡纳税人在规定的期限内不予退还的，均应并入应税消费品的销售额，按照应税消费品的适用税率征收消费税。

酒类产品生产企业销售酒类产品（黄酒、啤酒除外）而收取的包装物押金，无论押金是否返还以及在会计上如何核算，均需并入酒类产品销售额中，依酒类产品适用税率征收消费税。

④纳税人通过自设非独立核算门市部销售的自产应税消费品，应当按照门市部对外销售数量或者销售额计算征收消费税。

⑤纳税人用于换取生产资料和消费资料，投资入股和抵偿债务等方面的应税消费品，应当以纳税人同类应税消费品的最高销售价格作为计税依据计算征收消费税。

（2）自产自用应税消费品应纳税额的计算。

纳税人自产自用应税消费品，用于连续生产应税消费品的，不纳税；用于其他方面的，在移送使用时缴纳消费税。纳税时，销售额的确定分为以下两种情况。

①有同类消费品销售价格的，按纳税人生产的同类消费品的销售价格作为计税销售额。其计算公式为

销售额＝自产自用数量×同类消费品销售单价

②没有同类消费品销售价格的，以组成计税价格作为计税销售额。其计算公式为：

$$组成计税价格=\frac{成本+利润}{1-比例税率}$$

（3）委托加工应税消费品应纳税额的计算。

纳税人委托加工的应税消费品，应按照受托方生产的同类消费品的销售价格计算纳税；没有同类消费品销售价格的，按照组成计税价格计算纳税。

①受托方有同类消费品销售价格的，按照受托方同类消费品的销售价格计算纳税。其计算公式为：

计税销售额＝委托加工收回数量×同类消费品销售单价

应纳消费税＝计税销售额×比例税率

②受托方没有同类消费品销售价格的，按照组成计税价格计算纳税。其计算公式为：

$$组成计税价格=\frac{材料成本+加工费}{1-比例税率}$$

（4）进口应税消费品应纳税额的计算。

进口的实行从价定率办法征收消费税的应税消费品，一律按照组成计税价格计算纳税。其计算公式为：

$$组成计税价格=\frac{关税完税价格+关税}{1-比例税率}$$

关税完税价格是指海关核定的关税完税价格。

2. 从量定额征收消费税应纳税额的计算

在从量定额办法下，纳税人按照应税消费品的课税数量和单位税额计算应纳税额。其计算公式为：

应纳税额＝应税消费品的课税数量×单位税额

课税数量的确定方法如下。

（1）销售应税消费品的，课税数量为应税消费品的销售数量。

（2）自产自用应税消费品的，课税数量为应税消费品的移送使用数量。

（3）委托加工应税消费品的，课税数量为纳税人收回的应税消费品数量。

（4）进口应税消费品的，课税数量为海关核定的应税消费品进口征税数量。

3. 复合计税方法应纳消费税的计算

现行消费税对卷烟、白酒采用复合计税办法。纳税人按照应税消费品的课税数量乘以单位税额再加上应税消费品的销售额乘以适用税率计算应纳税额。其计算公式为：

$$应纳税额=\begin{matrix}应税消费品的\\课税数量\end{matrix}\times 单位税额+应税消费品的销售额\times 比例税率$$

卷烟、白酒从价定率计税依据为销售额；没有同类消费品销售价格的，按组成计税价格计税。

①自产自用应税消费品组成计税价格公式为：

$$组成计税价格=\frac{成本+利润+自产自用数量\times 定额税率}{1-比例税率}$$

②委托加工应税消费品组成计税价格公式为：

$$组成计税价格=\frac{材料成本+加工费+委托加工数量\times 定额税率}{1-比例税率}$$

③进口应税消费品组成计税价格公式为：

$$组成计税价格=\frac{关税完税价格+关税+进口数量\times 定额税率}{1-比例税率}$$

三、消费税的纳税申报

1. 申报方式

消费税主要采用网上申报的电子申报方式。

2. 纳税申报需要报送的资料

不同的应税消费品填写不同的消费税纳税申报表，具体填报资料如下。

（1）烟类消费税纳税人纳税申报需要报送的资料：烟类应税消费品消费税纳税申报表；月报附表包括本期准予扣除税额计算表、本期代收代缴税额计算表；年报表为卷烟销售明细表。

（2）酒类消费税纳税人纳税申报需要报送的资料：酒及酒精消费税纳税申报表；月报附表包括本期准予抵减税额计算表、本期代收代缴税额计算表；年报表为生产经营情况表。

（3）成品油消费税纳税人纳税申报需要报送的资料：成品油消费税纳税申报表；月报附报包括本期准予扣除税额计算表、本期减（免）税额计算表、本期代收代缴税额计算表、准予扣除消费税凭证明细表、成品油销售明细表。

（4）小汽车消费税纳税人纳税申报需要报送的资料：小汽车消费税纳税申报表；月报附表包括本期代收代缴税额计算表；年报表为生产经营情况表。

（5）其他应税品消费税纳税人纳税申报需要报送的资料：其他应税消费品消费

税纳税申报表仅供高档化妆品、贵重首饰及珠宝玉石、鞭炮焰火、汽车轮胎、摩托车、高尔夫球及球具、高档手表、游艇、木制一次性筷子、实木地板等消费税纳税人使用，月报附表包括本期准予扣除税额计算表、本期代收代缴税额计算表、准予扣除消费税凭证明细表；年报表为生产经营情况表。

以上申报主表及月报附表于每月办理消费税纳税申报时填报；年报表于每年度终了后填写，次年一月份办理消费税纳税申报时报送。

四、实训案例

（一）案例1

1. 实训基础资料

以情景引入的资料为本实训案例。

企业名称：红星卷烟厂

社会信用代码：914105005622899012

注册地址及电话：广宁省安阳市开发区光明路22号，0372－6892343

法定代表人：周立祯，身份证号码为408603197009213355

企业类型：有限责任公司

开户银行及账号：中国工商银行开发支行，6222020015676775091

财务负责人：明浩东

办税人员：付兴盛

红星卷烟厂为增值税一般纳税人，是广宁省安阳市一家取得烟草专卖生产企业许可证的工业企业，主要生产销售蓝光（甲类卷烟）和利民（乙类卷烟）两种卷烟。

2. 实训业务资料

2017年4月，该卷烟厂发生下列与消费税有关的经济业务。

【业务1】 4月2日，从明海卷烟厂购进已税烟丝50吨，将用于当月蓝光和利民两种卷烟的生产，烟丝每吨不含税单价20 000元，取得防伪税控系统开具的增值税专用发票，发票上注明价款1 000 000元，增值税税款170 000元，款项已经支付，烟丝已验收入库，期初库存外购烟丝2吨，每吨不含税单价20 000元。

实操提示：见单据簿第22～23页的增值税专用发票（抵扣联）（单据4－1－1）、增值税专用发票（发票联）（单据4－1－2）、转账支票存根（单据4－1－3）、收料单（单据4－1－4）。

【业务2】 4月3日，发出外购烟叶一批，委托前进烟丝厂加工成烟丝，发出烟叶的成本为103 000元。

实操提示：见单据簿第23页的出库单（单据4－2－1）。

【业务3】 4月12日，缴纳3月份消费税7 620 000元。

实操提示：见单据簿第24页的税收缴款书（单据4-3-1）。

【业务4】 4月13日，前进烟丝厂将烟叶全部加工为烟丝，共计10吨，向红星卷烟厂开具增值税专用发票，注明加工费30 000元，增值税5 100元。前进烟丝厂无同类烟丝的市场价格，按组成计税价格代收代缴消费税57 000元，上述款项已通过银行存款支付。

实操提示：见单据簿第24～25页的增值税专用发票（抵扣联）（单据4-4-1）、增值税专用发票（发票联）（单据4-4-2）、转账支票存根（单据4-4-3）、收款收据（单据4-4-4）。

【业务5】 4月14日，将委托加工收回的烟丝验收入库，该烟丝将用于当月蓝光和利民两种卷烟的生产。

实操提示：见单据簿第26页的入库单（单据4-5-1）。

【业务6】 4月18日，生产车间将委托加工的烟丝全部领出，用于蓝光和利民两种卷烟的生产。

实操提示：见单据簿第26页的领料单（单据4-6-1）。

【业务7】 4月19日，向安阳烟草批发总公司以直接收款方式销售利民卷烟450标准箱（每箱250标准条），不含税售价为每标准条64元，开具的增值税专用发票上注明的价款为7 200 000元，增值税税款为1 224 000元。货款已通过银行转账收讫。

实操提示：见单据簿第27页的增值税专用发票（记账联）（单据4-7-1）、中国工商银行进账单（收账通知）（单据4-7-2）。

【业务8】 4月21日，将本厂生产的50条利民卷烟作为礼品赠送给客户，其生产成本为1 650元。

实操提示：见单据簿第28页的出库单（单据4-8-1）。

【业务9】 4月25日，向广宁省顺发烟草批发公司销售蓝光卷烟700标准箱，不含税售价为每标准条96元，开具的增值税专用发票上注明的价款为16 800 000元，增值税税款为2 856 000元。货款已通过银行转账收讫。

实操提示：见单据簿第28～29页的增值税专用发票（记账联）（单据4-9-1）、中国工商银行进账单（收账通知）（单据4-9-2）。

【业务10】 4月30日，月末汇总本月生产车间共领用外购已税烟丝45吨。期末库存烟丝7吨，每吨不含税单价20 000元。

实操提示：见单据簿第29页的领料单汇总表（单据4-10-1）。

3. 实训要求

根据上述业务，计算当月应纳消费税并填写消费税纳税申报表。

实操提示：请登录“学问通”实训平台，进入“纳税实训”课程，进行相关实训操作。具体点击“模拟报税”按钮，模拟操作“国税网上申报”业务流程，完成

消费税（烟类）纳税申报业务。

（二）案例 2

1. 实训基础资料

企业名称：衡达酒业有限公司

社会信用代码：91420300NMADCAN091

法定代表人：张晓明，身份证号码为 210120167207212208

财务负责人：吴君辉，身份证号码为 210120196812032002

办税人员：李丹，身份证号码为 210120198704181220

注册资本：2 000 万元

经营期限：2007 年 6 月 20 日至 2037 年 6 月 19 日

开户银行及账号：中国工商银行飞云路支行，3421667710187600934

注册地址及电话：盛阳市浑南新区飞云路 19 号，0536－3135678

职工人数：120 人

经营范围：各类酒及相关制品

2. 实训业务资料

衡达酒业有限公司 2017 年 5 月发生的与消费税有关的经济业务如下。

【业务 1】 销售粮食白酒 20 吨，每吨不含税售价 6 500 元，另收取品牌使用费 23 400 元，全部款项存入银行。

【业务 2】 销售散装粮食白酒 5 吨，每吨含税售价 3 510 元，全部款项存入银行。

【业务 3】 将新研制的粮食白酒 2 吨作为样品分送给客户，生产成本 30 000 元，无同类产品市场售价，成本利润率 10%。

【业务 4】 发出材料一批，委托玉龙酒厂加工黄酒 5 吨，发出材料成本为 24 000元（不含税），玉龙酒厂开具的增值税专用发票注明加工费 6 000 元，玉龙酒厂无同类消费品市场售价。

【业务 5】 将收回的黄酒全部与企业生产的白酒组成套装礼品酒销售，共销售 10 吨套装礼品酒，每吨售价 8 000 元（不含税）。

【业务 6】 销售啤酒 30 吨，每吨 3 200 元。

3. 实训要求

（1）计算衡达酒业有限公司 2017 年 5 月应缴纳的消费税税额。

（2）填写纳税申报表并办理消费税纳税申报。

实操提示：请登录“学问通”实训平台，进入“纳税实训”课程，进行相关实训操作。具体点击“模拟报税”按钮，模拟操作“国税网上申报”业务流程，完成消费税（酒类）纳税申报业务。

（三）案例3

1. 实训基础资料

企业名称：亮倩珠宝公司有限公司

社会信用代码：91470300DAMQQ56NAB

法定代表人：将美琪，身份证号码，210990196612223420

财务负责人：刘山峰

办税人员：江丽丽

开户银行及账号：中国工商银行大东支行，2200088232153200278

注册地址及电话：东海市大东区九纬路100号，0543－2208800

国税局税务登记类型：增值税一般纳税人

经营范围：金、银饰品，钻石、珠宝、铂金饰品等零售

2. 实训业务资料

亮倩珠宝公司有限公司2017年6月发生的与消费税有关的经济业务如下。

【业务1】 零售金银首饰与镀金首饰组成的套装礼盒，取得零售收入292 500元，其中金银首饰收入234 000元，镀金首饰收入58 500元。

【业务2】 采取“以旧换新”方式向消费者销售金项链1 000条，新项链市场零售价共计5 850 000元，旧项链作价共计4 680 000元，该公司共取得项链差价款1 170 000元。

【业务3】 采取“买一赠一”方式向消费者销售钻戒800枚，消费者每购买1枚钻戒即赠送纯银项链一条，这批纯银项链的市场零售价共计140 400元。

3. 实训要求

（1）计算亮倩珠宝公司有限公司2017年6月应缴纳的消费税税额。

（2）填写纳税申报表并办理消费税纳税申报。

实操提示：请登录“学问通”实训平台，进入“纳税实训”课程，进行相关实训操作。具体点击“模拟报税”按钮，模拟操作“国税网上申报”业务流程，完成消费税（其他应税消费品）纳税申报业务。

项目 5

企业所得税纳税实训

【实训目的】

- 熟悉企业所得税的征税范围、纳税人、税率；
- 掌握查账征收企业所得税年度应纳税所得额及应纳税额的计算；
- 掌握核定征收企业所得税的适用情况及征收方法；
- 熟练填写各类企业所得税纳税申报表并办理纳税申报相关业务。

任务 5.1　查账征收企业所得税的纳税申报

【情景引入】

安阳市明华食品有限责任公司是一家以生产和销售各种罐头食品为主营业务的增值税一般纳税人。该公司适用的企业所得税税率为 25%，税务机关核定该公司按季按照实际利润额预缴企业所得税，在当年纳税年度的下一年度 4 月份根据税法规定，进行上年度企业所得税的汇算清缴。该公司应如何办理 2016 年度企业所得税的汇算清缴？如何进行 2017 年一季度的企业所得税预缴？

一、实训要求

计算明华食品有限责任公司的应纳税所得额及应纳税额，填写企业所得税年度纳税申报表（A 类），完成企业所得税汇算清缴工作，填写企业所得税月（季）度预缴纳税申报表（A 类）。

二、相关税法规定

（一）企业所得税的纳税人、征税对象、税率

1. 纳税人

企业所得税的纳税人是指在中华人民共和国境内的企业和其他取得收入的组织

(以下统称企业)，不包括依照中国法律、行政法规成立的个人独资企业和合伙企业。依据是否在中国境内成立或实际管理机构是否在中国境内，可以将企业分为居民企业和非居民企业。

居民企业是指依法在中国境内成立，或者依照外国（地区）法律成立但实际管理机构在中国境内的企业。

非居民企业是指依照外国（地区）法律成立且实际管理机构不在中国境内，但在中国境内设立机构、场所的，或者在中国境内未设立机构、场所，但有来源于中国境内所得的企业。

2. 征税对象

企业所得税的征税对象是指企业的生产经营所得、其他所得和清算所得。

(1) 居民企业的征税对象。

居民企业应就其来源于中国境内、境外的所得作为征税对象，承担无限纳税义务。所得包括销售货物所得、提供劳务所得、转让财产所得、股息红利等权益性投资收益、利息所得、租金所得、特许权使用费所得、接受捐赠所得和其他所得。

(2) 非居民企业的征税对象。

非居民企业在中国境内设立机构、场所的，应当就其所设机构、场所取得的来源于中国境内的所得，以及发生在中国境外但与其所设机构、场所有实际联系的所得缴纳企业所得税。

非居民企业在中国境内未设立机构、场所的，或者虽设立机构、场所但取得的所得与其所设机构、场所没有实际联系的，应当就其来源于中国境内的所得缴纳企业所得税。

3. 税率

(1) 基本税率。

企业所得税实行比例税率，税率为 25%。基本税率适用于：居民企业取得的各项所得；非居民企业在中国境内设立机构、场所取得的来源于中国境内的所得，以及发生在中国境外但与其所设机构、场所有实际联系的所得。

(2) 预提所得税率。

非居民企业在中国境内未设立机构、场所的，或者虽设立机构、场所但取得的所得与其所设机构、场所没有实际联系的，如股息、利息、红利所得、特许权使用费所得等一般采取源泉扣缴方式征收企业所得税，这种所得税形式习惯上称之为预提所得税。

预提所得税税率为 20%。目前减按 10%的税率征收企业所得税。

(3) 优惠税率。

对符合条件的小型微利企业减按 20%的税率征收企业所得税；对国家需要重点扶持的高新技术企业减按 15%的税率征收企业所得税。

（二）企业所得税的税收优惠

1. 免征与减征优惠

（1）从事农、林、牧、渔业项目的所得。

企业从事农、林、牧、渔业项目的所得，包括免征和减征两部分。

①企业从事下列项目的所得，免征企业所得税：蔬菜、谷物、薯类、油料、豆类、棉花、麻类、糖料、水果、坚果的种植；农作物新品种的选育；中药材的种植；林木的培育和种植；牲畜、家禽的饲养；林产品的采集；灌溉、农产品初加工、兽医、农技推广、农机作业和维修等农、林、牧、渔服务业项目；远洋捕捞。

②企业从事下列项目的所得，减半征收企业所得税：花卉、茶以及其他饮料作物和香料作物的种植；海水养殖、内陆养殖。

（2）从事国家重点扶持的公共基础设施项目投资经营的所得。

企业从事国家重点扶持的公共基础设施项目的投资经营的所得，自项目取得第一笔生产经营收入所属纳税年度起，第一年至第三年免征企业所得税，第四年至第六年减半征收企业所得税。

（3）从事符合条件的环境保护、节能节水项目的所得。

企业从事符合条件的环境保护、节能节水项目的所得，自项目取得第一笔生产经营收入所属纳税年度起，第一年至第三年免征企业所得税，第四年至第六年减半征收企业所得税。

（4）符合条件的技术转让所得。

在一个纳税年度内，居民企业技术转让所得不超过500万元的部分，免征企业所得税；超过500万元的部分，减半征收企业所得税。

2. 小型微利企业的税收优惠

自2015年10月1日起至2017年12月31日，对年应纳税所得额在20万元到30万元（含30万元）之间的小型微利企业，其所得减按50%计入应纳税所得额，按20%的税率缴纳企业所得税。

3. 国家重点扶持的高新技术企业的税收优惠

国家需要重点扶持的高新技术企业，减按15%的税率征收企业所得税。

4. 加计扣除优惠

企业的下列支出，可以在计算应纳税所得额时加计扣除。

（1）开发新技术、新产品、新工艺发生的研究开发费用。

企业为开发新技术、新产品、新工艺发生的研究开发费用，未形成无形资产计入当期损益的，在按照规定据实扣除的基础上，按照研究开发费用的50%加计扣除；形成无形资产的，按照无形资产成本的150%摊销。

（2）安置残疾人员及国家鼓励安置的其他就业人员所支付的工资。

企业安置残疾人员的，在按照支付给残疾职工工资据实扣除的基础上，按照支付给残疾职工工资的100%加计扣除。

5. 创业投资企业的税收优惠

创业投资企业从事国家需要重点扶持和鼓励的创业投资，可以按投资额的一定比例抵扣应纳税所得额。

抵扣应纳税所得额是指创业投资企业采取股权投资方式投资于未上市的国家需要重点扶持和鼓励中小高新技术企业2年以上的，可以按照其投资额的70%在股权持有满2年的当年抵扣该创业投资企业的应纳税所得额；当年不足抵扣的，可以在以后纳税年度结转抵扣。

6. 减计收入优惠

（1）综合利用资源生产产品取得的收入。

企业综合利用资源，生产符合国家产业政策规定的产品所取得的收入，可以在计算应纳税所得额时减计收入。

减计收入是指企业以《资源综合利用企业所得税优惠目录》规定的资源作为主要原材料，生产国家非限制和禁止并符合国家和行业相关标准的产品取得的收入，减按90%计入收入总额，计算应纳税所得额。

（2）金融、保险等机构取得的涉农利息、保费收入。

对金融机构农户小额贷款的利息收入在计算应纳税所得额时，按90%计入收入总额；对保险公司为种植业、养殖业提供保险业务的保费收入，在计算应纳税所得额时，按90%计入收入。中和农信项目管理有限公司和中国扶贫基金会举办的农户自立服务社（中心）从事农户小额贷款取得的利息收入，按照对金融机构农户小额贷款的利息收入在计算应纳税所得额时按90%计入收入总额的规定执行。

（3）取得的中国铁路建设债券利息收入。

企业持有中国铁路建设等企业债券取得的利息收入，减半征收企业所得税。

7. 税额抵免优惠

税额抵免，是指企业购置并实际使用《环境保护专用设备企业所得税优惠目录》《节能节水专用设备企业所得税优惠目录》和《安全生产专用设备企业所得税优惠目录》规定的环境保护、节能节水、安全生产等专用设备的，该专用设备的投资额的10%可以从企业当年的应纳税额中抵免；当年不足抵免的，可以在以后5个纳税年度结转抵免。

8. 民族自治地方的税收优惠

民族自治地方的自治机关对本民族自治地方的企业应缴纳的企业所得税中属于地方分享的部分，可以决定减征或者免征。自治州、自治县决定减征或者免征的，须报省、自治区、直辖市人民政府批准。

9. 非居民企业优惠

非居民企业减按10%的税率征收企业所得税。

10. 特殊行业优惠

（1）关于鼓励软件产业和集成电路产业发展的优惠政策；

（2）关于鼓励证券投资基金发展的优惠政策；

（3）节能服务公司的优惠政策；

（4）电网企业电网新建项目享受所得税的优惠政策；

（5）经营性文化事业单位转制企业的优惠政策；

（6）动漫企业的优惠政策；

（7）符合条件的生产和装配伤残人员专门用品企业的优惠政策。

11. 其他优惠

（1）西部大开发的税收优惠；

（2）广东横琴、福建平潭、深圳前海企业所得税优惠；

（3）上海自由贸易试验区企业所得税优惠；

（4）受灾地区的所得税优惠。

（三）应纳税所得额的确认

应纳税所得额是指按照税收法律的规定，企业每一纳税年度的收入总额，减除不征税收入、免税收入、各项扣除以及允许弥补以前年度亏损后的余额。基本公式为

$$\text{应纳税所得额}=\text{收入总额}-\text{不征税收入}-\text{免税收入}-\text{各项扣除}-\text{允许弥补以前年度亏损}$$

1. 收入总额

收入总额是指企业以货币形式和非货币形式从各种来源取得的收入。其中收入的货币形式包括现金、存款、应收账款、应收票据、准备持有至到期的债券投资以及债务豁免等；收入的非货币形式包括固定资产、生物资产、无形资产、股权投资、存货、不准备持有至到期的债券投资、劳务以及权益等，企业以非货币形式取得的收入，按公允价值确定收入额。

收入总额包括销售货物收入；提供劳务收入；转让财产收入；股息、红利等权益性投资收益；利息收入；租金收入；特许权使用费收入；接受捐赠收入和其他收入九项。

2. 不征税收入

不征税收入包括财政拨款；依法收取并纳入财政管理的行政事业性收费、政府性基金；国务院规定的其他不征税收入。

3. 免税收入

免税收入包括国债利息收入；符合条件的居民企业之间的股息、红利等权益性

收益；在中国境内设立机构、场所的非居民企业从居民企业取得与该机构、场所有实际联系的股息、红利等权益性投资收益；符合条件的非营利组织的收入；其他专项优惠。

4. 准予扣除的项目

准予扣除的项目是指企业实际发生的与取得收入相关的、合理的支出，包括成本、费用、税金、损失和其他支出。准予扣项目的范围和标准具体规定如下。

(1) 工资、薪金支出。

企业发生的合理的工资、薪金支出，准予扣除。

(2) 职工福利费、工会经费、职工教育经费。

企业发生的职工福利费支出，不超过工资薪金总额14%的部分，准予扣除。

企业拨缴的工会经费，不超过工资薪金总额2%的部分，准予扣除。

除国务院财政、税务主管部门另有规定外，企业发生的职工教育经费支出，不超过工资薪金总额2.5%的部分，准予扣除，超过部分，准予在以后纳税年度结转扣除；软件生产企业发生的职工教育经费中的职工培训费用，可以全额在企业所得税前扣除。

(3) 保险费用。

①企业依照国务院有关主管部门或者省级人民政府规定的范围和标准为职工缴纳的基本养老保险费、基本医疗保险费、失业保险费、工伤保险费、生育保险费等基本社会保险费和住房公积金，准予扣除。

②企业为投资者或在本企业任职、受雇的全体员工支付的补充养老保险、补充医疗保险费，分别在不超过工资总额5%标准内的部分，准予扣除；超过部分，不予扣除。

③企业依照国家有关规定为特殊工种职工支付的人身安全保险费和符合国务院财政、税务主管部门规定可以扣除的商业保险费，准予扣除。

④企业参加财产保险，按照规定缴纳的保险费，准予扣除。企业为投资者或者职工支付的商业保险费，不得扣除。

(4) 借款费用。

对于企业在生产经营活动中发生的合理的不需要资本化的借款费用，非金融企业向金融企业借款的利息支出、金融企业的各项存款利息支出和同业拆借利息支出、企业经批准发行债券的利息支出，准予扣除；非金融企业向非金融企业借款的利息支出，不超过按照金融企业同期同类贷款利率计算的数额的部分，准予扣除。

(5) 汇兑损失。

企业在货币交易中，以及纳税年度终了时将人民币以外的货币性资产、负债按照期末即期人民币汇率中间价折算为人民币时产生的汇兑损失，除已经计入有关资产成本以及与向所有者进行利润分配相关的部分外，准予扣除。

（6）业务招待费。

企业发生的与生产经营活动有关的业务招待费支出，按照发生额的60%扣除，但最高不得超过当年销售（营业）收入的5‰。

（7）广告费和业务宣传费。

企业发生的符合条件的广告费和业务宣传费支出，除国务院财政、税务主管部门另有规定外，不超过当年销售（营业）收入15%的部分，准予扣除；超过部分，准予在以后纳税年度结转扣除。

（8）环境保护等专项资金。

企业依照法律、行政法规有关规定提取的用于环境保护、生态恢复等方面的专项资金，准予扣除。但上述专项资金提取后若改变用途，则不得扣除。

（9）固定资产的租赁费。

企业根据生产经营活动的需要租入固定资产支付的租赁费，按照以下方法扣除。

①以经营租赁方式租入固定资产发生的租赁费支出，按照租赁期限均匀扣除；

②以融资租赁方式租入固定资产发生的租赁费支出，按照规定构成融资租入固定资产价值的部分应当提取折旧费用，分期扣除。

（10）劳动保护支出。

企业发生的合理的劳动保护支出，准予扣除。

（11）管理费。

非居民企业在中国境内设立的机构、场所，就其中国境外总机构发生的与该机构、场所生产经营有关的费用，如果能够提供总机构出具的费用汇集范围、定额、分配依据和方法等证明文件，并合理分摊的，准予扣除。

（12）公益性捐赠。

企业发生的公益性捐赠支出，在年度利润总额12%以内的部分，准予在计算应纳税所得额时扣除。

公益性捐赠，是指企业通过公益性社会团体或者县级以上人民政府及其部门，用于《中华人民共和国公益事业捐赠法》规定的公益事业的捐赠。

（13）转让资产的净值。

企业转让资产，该项资产的净值，准予在计算应纳税所得额时扣除。

（14）有关资产的费用。

企业转让各类固定资产发生的费用，允许扣除。企业按规定计算的固定资产折旧费、无形资产和递延资产的摊销费，准予扣除。

（15）资产损失。

企业当期发生的固定资产和流动资产盘亏、毁损净损失，由其提供清查盘存资料经主管税务机关审核后，准予扣除；企业因存货盘亏、毁损、报废等原因不得从销项税额中抵扣的进项税额，应视同企业财产损失，准予与存货损失一起在所得税前按规定扣除。

（16）金融企业贷款损失准备金。

政策性银行、商业银行、财务公司、城乡信用社和金融租赁公司等金融企业按规定比率提取的贷款损失准备金准予税前扣除。

对企业依据财务会计制度规定，并实际在财务会计处理上已确认的支出，凡没有超过《企业所得税法》和有关税收法规规定的税前扣除范围和标准的，可按企业实际会计处理确认的支出，在企业所得税前扣除，计算其应纳税所得额。

5. 不允许扣除的项目

（1）向投资者支付的股息、红利等权益性投资收益款项；

（2）企业所得税税款；

（3）税收滞纳金；

（4）罚金、罚款和被没收财物的损失；

（5）非公益性捐赠和超过规定标准的公益性捐赠支出；

（6）赞助支出；

（7）未经核定的准备金支出；

（8）与取得收入无关的其他支出。

6. 亏损弥补

企业纳税年度发生的亏损，准予向以后年度结转，用以后年度的所得弥补，但结转年限不得超过5年。

7. 非居民企业纳税人应税所得额

（1）股息、红利等权益性投资收益和利息、租金、特殊权使用费所得，以收入全额的应纳税所得额。

（2）转让财产所得，以收入全额减除财产净值后的余额为应税所得额。

（3）其他所得参照前两项规定的方法计算应税所得额。

（四）资产的税务处理

1. 固定资产的税务处理

（1）固定资产的计税基础。

根据固定资产的来源不同，其计税基础分别规定为：外购的固定资产，以购买价款和支付的相关税费以及直接归属于使该资产达到预定用途发生的其他支出为计税基础；自行建造的固定资产，以竣工结算前发生的支出为计税基础；融资租入的固定资产，以租赁合同约定的付款总额和承租人在签订租赁合同过程中发生的相关费用为计税基础，租赁合同未约定付款总额的，以该资产的公允价值和承租人在签订租赁合同过程中发生的相关费用为计税基础；盘盈的固定资产，以同类固定资产的重置完全价值为计税基础；通过捐赠、投资、非货币性资产交换、债务重组等方式取得的固定资产，以该资产的公允价值和支付的相关税费为计税基础；改建的固定资产，除已足额提取折旧的固定资产和经营租入固定资产的改建支出外，以改建过程中发生的改建支出增加固定资产的计税基础。

（2）固定资产折旧的计提范围。

在计算应纳税所得额时，企业按照规定计算的固定资产折旧，准予扣除。下列固定资产不得计算折旧扣除：房屋、建筑物以外未投入使用的固定资产；以经营租赁方式租入的固定资产；以融资租赁方式租出的固定资产；已足额提取折旧仍继续使用的固定资产；与经营活动无关的固定资产；单独估价作为固定资产入账的土地；其他不得计算折旧扣除的固定资产。

（3）固定资产折旧的计提方法。

固定资产按照使用年限，采用直线法计算的折旧，准予在计算应纳税所得额时扣除。其计算公式为

年折旧率＝(1－预计净残值率)÷使用年限

月折旧额＝固定资产原价×年折旧率÷12

企业在计提折旧前，应当根据固定资产的性质和使用情况，合理确定固定资产的预计净残值，固定资产的预计净残值一经确定，不得变更。企业应当自固定资产投入使用月份的次月起计提折旧；停止使用的固定资产，应当从停止使用月份的次月起停止计提折旧。

（4）固定资产折旧的计提年限。

除国务院财政、税务主管部门另有规定外，固定资产计算折旧的最低年限如下：房屋、建筑物为20年；飞机、火车、轮船、机器、机械和其他生产设备为10年；与生产经营活动有关的器具、工具、家具等为5年；飞机、火车、轮船以外的运输工具为4年。电子设备为3年。

（5）固定资产的加速折旧。

企业的固定资产确需加速折旧的，可以采取缩短折旧年限或者采取加速折旧的方法。

采用缩短折旧年限来加速折旧的固定资产，固定资产的使用年限不得低于税法规定的最低折旧年限的60%；采取加速折旧方法的固定资产，可以采取双倍余额递减法或者年数总和法计算折旧。

2. 生物资产的税务处理

生物资产是指有生命的动物和植物。生物资产分为消耗性生物资产、生产性生物资产和公益性生物资产。

（1）生物资产的计税基础。

生产性生物资产按照以下方法确定计税基础：外购的生产性生物资产，以购买价款和支付的相关税费为计税基础。通过捐赠、投资、非货币性资产交换、债务重

组等方式取得的生产性生物资产，以该资产的公允价值和支付的相关税费为计税基础。

（2）生物资产的折旧方法和折旧年限。

生产性生物资产按照直线法计算的折旧，准予扣除。企业应当根据生产性生物资产的性质和使用情况，合理确定生产性生物资产的预计净残值。生产性生物资产的预计净残值一经确定，不得变更。

生产性生物资产计算折旧的最低年限如下：林木类生产性生物资产为 10 年；畜类生产性生物资产为 3 年。

3. 无形资产的税务处理

无形资产是指企业长期使用，但没有实物形态的资产，包括专利权、商标权、著作权、土地使用权、非专利技术、商誉等。

（1）无形资产的计税基础。

无形资产按照以下方法确定计税基础：外购的无形资产，以购买价款和支付的相关税费，以及直接归属于使该资产达到预定用途发生的其他支出为计税基础。自行开发的无形资产，以开发过程中该资产符合资本化条件后至达到预定用途前发生的支出为计税基础。通过捐赠、投资、非货币性资产交换、债务重组等方式取得的无形资产，以该资产的公允价值和支付的相关税费为计税基础。

（2）无形资产摊销的范围。

在计算应纳税所得额时，企业按照规定计算的无形资产摊销费用，准予扣除。

下列无形资产不得计算摊销费用扣除：自行开发的支出已在计算应纳税所得额时扣除的无形资产；自创商誉；与经营活动无关的无形资产；其他不得计算摊销费用扣除的无形资产。

（3）无形资产的摊销方法及年限。

无形资产的摊销采取直线法计算。无形资产的摊销年限不得低于 10 年。作为投资或者受让的无形资产，有关法律规定或者合同约定了使用年限的，可以按照规定或者约定的使用年限分期摊销。外购商誉的支出，在企业整体转让或者清算时准予扣除。

4. 长期待摊费用的税务处理

长期待摊费用，是指企业发生的应在一个年度以上或几个年度进行摊销的费用。企业发生的长期待摊费用可以按照规定计算摊销，准予在计算应纳税所得额时扣除，其税务处理主要包括以下内容：

（1）已足额提取折旧的固定资产改建支出的摊销。

固定资产的改建支出，是指改变房屋或者建筑物结构、延长使用年限等发生的支出。企业的固定资产改建支出，如果固定资产尚未提足折旧，应增加固定资产价值。

已足额提取折旧的固定资产的改建支出，应作为长期待摊费用，按照固定资产预计尚可使用年限分期摊销。

（2）经营租入固定资产改建支出的摊销。

经营租入固定资产的改建支出应按照合同约定的剩余租赁期限分期摊销。

（3）固定资产的大修理支出的摊销。

固定资产的大修理支出，是指同时符合下列条件的支出：修理支出达到取得固定资产时的计税基础 50%以上；修理后固定资产的使用年限延长 2 年以上。

企业发生的固定资产的大修理支出，按照固定资产尚可使用年限分期摊销。

（4）其他应当作为长期待摊费用支出的摊销。

其他应当作为长期待摊费用的支出，自支出发生月份的次月起分期摊销，摊销年限不得低于 3 年。

5. 存货的税务处理

存货，是指企业持有以备出售的产品或者商品；处在生产过程中的在产品；在生产或者提供劳务过程中耗用的材料和物料等。企业使用或者销售存货，按照规定计算的存货成本，准予在计算应纳税所得额时扣除。

（1）存货的计税基础。

通过支付现金方式取得的存货，以购买价款和支付的相关税费为成本。通过支付现金以外的方式取得的存货，以该存货的公允价值和支付的相关税费为成本。生产性生物资产收获的农产品，以产出或者采收过程中发生的材料费、人工费和分摊的间接费用等必要支出为成本。

（2）存货成本的计算方法。

企业可以在先进先出法、加权平均法、个别计价法中选用一种方法来计算使用或者销售的存货的成本。计价方法一经选用，不得随意变更。

6. 投资资产的税务处理

投资资产是指企业对外进行权益性投资和债权性投资而形成的资产。

（1）投资资产的成本。

投资资产按以下方法确定投资成本：通过支付现金方式取得的投资资产，以购买价款为成本；通过支付现金以外的方式取得的投资资产，以该资产的公允价值和支付的相关税费为成本。

（2）投资资产成本的扣除方法。

企业对外投资期间，投资资产的成本在计算应纳税所得额时不得扣除，企业在转让或者处置投资资产时，投资资产的成本准予扣除。

（3）投资企业撤回或减少投资的税务处理。

投资企业从被投资企业撤回或减少投资，其取得的资产中，相当于初始出资的部分，应确认为投资收回；相当于被投资企业累计未分配利润和累计盈余公积按减少实收资本比例计算的部分，应确认为股息所得；其余部分确认为投资资产转让所得。

（五）居民企业查账征收应纳税额的计算

居民企业应缴纳的所得税额等于应纳税所得额乘以适用税率，减除规定的减免和抵免的税额后的余额，计算公式为：

应纳税额＝应纳税所得额×适用税率－减免税额－抵免税额

公式中的减免税额和抵免税额，是指依照企业所得税法和国务院的税收优惠规定减征、免征和抵免的应纳税额。

1. 减免税额

减免税额主要适用于享受优惠税率的纳税人，例如，小型微利企业、高新技术企业等。减免税额的计算公式为：

减免税额＝应纳税所得额×(基本税率 25%－适用的优惠税率)

2. 抵免税额

抵免税额，是指企业购置并实际使用的环境保护、节能节水、安全生产等专用设备的投资额 10%，可以从企业当年的应纳税额中抵免；当年不足抵免的，可以在以后 5 个纳税年度结转抵免。

抵免税额＝设备投资额×10%

（六）境外所得已纳税额的抵免

企业的应纳税额加上境外所得应纳所得税额再减去境外所得抵免所得税额，为企业的实际应纳所得税额。

1. 抵免的范围

企业取得的下列所得已在境外缴纳的所得税税额，可以从其当期应纳税额中抵免。

(1) 居民企业来源于中国境外的应税所得；

(2) 非居民企业在中国境内设立机构、场所，取得发生在中国境外但与该机构、场所有实际联系的应税所得。

已在境外缴纳的所得税税额，是指企业来源于中国境外的所得依照中国境外税收法律以及相关规定应当缴纳并已经实际缴纳的企业所得税性质的税款。

2. 抵免限额的计算

抵免限额，是指企业来源于中国境外的所得，依照企业所得税法和实施条例的规定计算的应纳税额。其计算公式为：

抵免限额＝中国境内、境外所得依照税法规定计算的应纳税总额×

来源于某国（地区）的应纳税所得额÷中国境内、境外应纳税所得总额

企业已在境外缴纳的所得税税额未超过抵免限额的，按照实际已纳税额抵免；

超过抵免限额的部分，可以在以后5个年度内，用每年度抵免限额抵免当年应抵税额后的余额进行抵补。

3. 股息、红利等权益性投资收益的抵免

居民企业从其直接或者间接控制的外国企业分得的来源于中国境外的股息、红利等权益性投资收益，外国企业在境外实际缴纳的所得税税额中属于该项所得负担的部分，可以作为该居民企业的可抵免境外所得税税额，在上述规定的抵免限额内抵免。

（七）企业所得税的纳税期限

企业所得税实行按年计征、分月或分季预缴、年度汇算清缴、多退少补。

企业所得税的纳税年度，自公历1月1日起到12月31日止。纳税人在一个年度中间开业，或者由于合并、关闭等原因，使该纳税年度的实际经营期不足12个月的，应当以其实际经营期为一个纳税年度。纳税人清算时，以清算期间作为一个纳税年度。

纳税人在月份或者季度终了后15日内，向其机构所在地主管税务机关报送会计报表和预交所得税申报表，并在规定期限内预交所得税。预交方法一经确定，不得随意变更。企业应自年度终了之日起5个月内，向税务机关报送年度企业所得税纳税申报表，并汇算清缴，结清应缴应退税款。企业在年度中间终止经营活动的，应当自实际经营终止之日起60日内，向税务机关办理当期企业所得税汇算清缴。

扣缴义务人每次代扣的税款，应当自代扣之日起7日内缴入国库，并向所在地的税务机关报送扣缴企业所得税报告表。

三、企业所得税的申报流程

企业所得税采用网上申报方式，纳税人通过登录网上申报系统填写纳税申报表，完成纳税申报工作。具体流程如下。

1. 登录网上申报系统

登录互联网国税或地税局，选择“税费申报”模块，选择“申报”下的“企业所得税申报”，选择“企业所得税年度申报表（A类，2015版）”。

2. 报表填写

纳税人在报表填写过程中应注意以下事项。

（1）在企业所得税年报申报表中，附表由纳税人根据自身的业务情况选择填报，纳税人有此项业务的，不论是否涉及纳税调整，必须选择填报；没有此项业务的，则无须填报。

（2）主表或附表行内后有附表号的，需先填下级附表，再由附表生成上一级报表资料，没有附表号的，可直接填入。

（3）据实填写相关数据，主表及其附表填写完整后，点击表下方“保存”按钮。

（4）出现申报成功的提示信息“保存成功!”，点击“确定”。

3. 生成税收缴款书

完成上述操作后，系统会自动生成税收缴款书。

四、实训案例

（一）案例 1

1. 实训基础资料

以情景引入的资料为本实训案例。

明华食品有限责任公司是一家以生产和销售各种罐头食品为主营业务的增值税一般纳税人。该公司为非汇总纳税企业，无分支机构，非境外中资控股居民企业，无境外关联交易。从业人数 64 人，其中残疾职工 5 人，无国家鼓励安置的其他就业人员。

纳税人的基础信息资料。

纳税人名称：明华食品有限责任公司

纳税人识别号：914105006709CF1202

公司成立时间：2011 年 1 月 15 日

法人代表名称：江志东

经济性质：有限责任公司

注册资本：600 万元

股东信息：周世杰（中国国籍，身份证号码为 520101196011120101），投资比例 55%；郑雅丽（中国国籍，身份证号码为 520101196505065233），投资比例 25%；张明轩（中国国籍，身份证号码为 520102196910100417），投资比例 20%。

开户银行及账号：中国工商银行开发支行，6222020015898926441

注册地址：广宁省安阳市开发区中北路 23 号

电话号码：0372－6723056

营业地址：广宁省安阳市开发区中北路 23 号

所属行业：（1440）罐头食品制造

注册类型：有限责任公司

会计主管：李雪娥

适用的会计准则：企业会计准则（一般企业）

会计档案的存放地：广宁省安阳市开发区中北路 23 号

会计核算软件：用友

记账本位币：人民币

会计政策和估计是否发生变化：否

固定资产折旧方法：年限平均法

存货成本计价方法：月末一次加权平均法

坏账损失核算方法：直接核销法

企业所得税计算方法：应付税款法

对外投资情况：2014 年 9 月投出货币资金 80 万元，拥有长隆商贸有限责任公司（纳税人识别号为 91410500CBAMOPQ567，经济性质为有限责任公司，注册地址为广宁省安阳市开发区银江路 89 号）20%的股权。

2. 实训业务资料

明华食品有限责任公司 2016 年全年已经预缴企业所得税额 213 500 元，相关资料如下。

【资料 1】 利润表见表 5-1-1。

表 5-1-1　　利润表

编制单位：明华食品有限责任公司　　2016 年 12 月　　单位：人民币元

项　目	本期金额	上期金额
一、营业收入	9 748 000	7 729 000
减：营业成本	5 922 000	5 317 000
税金及附加	58 000	49 500
销售费用	892 000	764 000
管理费用	1 214 000	1 063 000
财务费用	219 000	107 000
资产减值损失		
加：公允价值变动收益（损失以“—”号填列）		
投资收益（损失以“—”号填列）	100 000	0
其中：对联营企业和合营企业的投资收益		
二、营业利润（亏损以“—”号填列）	1 543 000	428 500
加：营业外收入	8 000	4 500
减：营业外支出	187 000	53 000
其中：非流动资产处置净损失		
三、利润总额（亏损总额以“—”号填列）	1 364 000	380 000
减：所得税费用	341 750	0
四、净利润（净亏损以“—”号填列）	1 022 250	380 000
五、每股收益：		
（一）基本每股收益		
（二）稀释每股收益		
六、其他综合收益		
七、综合收益总额		

【资料 2】 资产负债表见表 5－1－2。

表 5－1－2 资产负债表

编制单位：明华食品有限责任公司 2016 年 12 月 31 日 单位：人民币元

资 产	期末数	期初数	负债和所有者权益	期末数	期初数
流动资产：			流动负债：		
货币资金	385 000	544 800	短期借款		1 000 000
交易性金融资产			交易性金融负债		
应收票据			应付票据		
应收账款	703 000	621 000	应付账款	503 800	637 000
预付款项	20 500	25 400	预收款项		
应收利息			应付职工薪酬	218 600	199 700
应收股利			应交税费	43 600	38 900
其他应收款	237 000	189 000	应付利息		
存货	2 026 750	2 067 400	应付股利		
一年内到期的非流动资产			其他应付款	321 000	438 000
其他流动资产			一年内到期的非流动负债		
流动资产合计	3 372 250	3 447 600	其他流动负债		
			流动负债合计	1 087 000	2 313 600
非流动资产：			非流动负债：		
可供出售金融资产			长期借款	2 000 000	2 000 000
持有至到期投资			应付债券		
长期应收款			长期应付款		
长期股权投资	800 000	800 000	专项应付款		
投资性房地产			预计负债		
固定资产	4 177 000	4 236 000	递延所得税负债		
在建工程			其他非流动负债		
工程物资			非流动负债合计		
固定资产清理			负债合计	3 087 000	4 313 600
生产性生物资产			所有者权益（或所有者权益）：		
油气资产			实收资本	6 000 000	6 000 000
无形资产	1 760 000	1 800 000	资本公积		
开发支出			减：库存股		

续前表

资　产	期末数	期初数	负债和所有者权益	期末数	期初数
商誉			专项储备		
长期待摊费用			盈余公积	102 225	0
递延所得税资产			一般风险准备		
其他非流动资产			未分配利润	920 025	－30 000
非流动资产合计	6 737 000	6 836 000	所有者权益合计	7 022 250	5 970 000
资产总计	10 109 250	10 283 600	负债和所有者权益总计	10 109 250	10 283 600

【资料 3】 营业收入明细表见表 5－1－3。

表 5－1－3　　营业收入明细表　　单位：人民币元

收入项目	入账金额	备　注
1. 主营业务收入小计	9 500 000	公司将不适合罐头生产的原材料和生产过程中产生的边角料出售，归为销售材料收入，计入其他业务收入。
（1）销售罐头收入	9 500 000	
2. 其他业务收入小计	248 000	
（1）销售材料收入	182 000	
（2）出租包装物收入	66 000	
合　计	9 748 000	

【资料 4】 投资收益明细表见表 5－1－4。

表 5－1－4　　投资收益明细表　　单位：人民币元

投资项目	投资金额	收益金额	备　注
对长隆商贸有限责任公司（非上市公司）的股权投资	800 000	100 000	长隆商贸有限公司 2016 年 4 月 30 日宣布向投资者分配利润，本公司根据投资比例应收 10 万元股利，并于当年收到。

【资料 5】 营业外收入明细表见表 5－1－5。

表 5－1－5　　营业外收入明细表　　单位：人民币元

序号	收入项目	入账金额	备　注
1	出售设备取得净收益	5 000	
2	确实无法偿还的应付账款	3 000	
合　计		8 000	

【资料 6】 成本明细表见表 5－1－6。

表5-1-6　成本明细表　单位：人民币元

收入项目	入账金额	备注
1. 主营业务成本小计	5 700 000	由于新鲜食品很容易变质，公司出售不适合罐头生产的原材料和生产过程中产生的边角料，通常以成本价出售，销售材料基本没有利润。
（1）销售罐头成本	5 700 000	
2. 其他业务成本小计	222 000	
（1）销售材料成本	180 000	
（2）出租包装物成本	42 000	
合　计	5 922 000	

【资料7】　销售费用明细表见表5-1-7。

表5-1-7　销售费用明细表　单位：人民币元

序号	扣除项目明细	入账金额	备注
1	工资薪金	104 000	广告费和业务宣传费无以前年度累计结转扣除额。
2	广告费和业务宣传费	525 000	
3	运输、仓储费	263 000	
合　计		892 000	

【资料8】　管理费用明细表见表5-1-8。

表5-1-8　管理费用明细表　单位：人民币元

序号	扣除项目明细	入账金额	备注
1	工资薪金	412 000	
2	咨询顾问费	15 000	
3	业务招待费	78 000	
4	折旧费	233 400	
5	办公费	116 700	
6	租赁费	96 000	
7	差旅费	102 000	
8	保险费	49 000	
9	各项税费	68 100	
10	其他费用	43 800	
合　计		1 214 000	

【资料9】　财务费用明细表见表5-1-9。

表 5-1-9　　财务费用明细表　　单位：人民币元

序号	扣除项目明细	入账金额	备　注
1	银行借款利息	116 000	2016 年 1 月 1 日向宏翔贸易公司借入 100 万元，合同约定还款日期为 2016 年 12 月 31 日，年利率为 10%；2016 年金融企业同期同类贷款业务的利率为 5.4%。

【资料 10】　营业外支出明细表见表 5-1-10。

表 5-1-10　　营业外支出明细表　　单位：人民币元

序号	扣除项目明细	实际支出数额	备　注
1	工商罚款	60 000	1. 本期一批办公家具达到使用年限正常报废，已做清单申报，不存在纳税调整金额。 2. 直接向单位所在地的春晖敬老院捐赠黄桃罐头 50 箱，不含税市场售价 15 000 元。企业的会计处理为： 借：营业外支出　12 300 　贷：库存商品　9 750 　　应交税费——应交增值税（销项税额）2 550
2	税收滞纳金	3 000	
3	固定资产报废损失	111 700	
4	捐赠支出	12 300	
合计		187 000	

【资料 11】　安阳市明华食品有限责任公司按照税法的规定对固定资产计提折旧，税会处理一致，固定资产折旧不存在纳税调整事项；该公司没有生产性生物资产和长期待摊费用；无形资产为土地使用权，按照土地使用证规定的使用年限 50 年计提累计摊销，也没有纳税调整额。具体情况见表 5-1-11。

表 5-1-11　　固定资产折旧汇总表　　单位：人民币元

资产类别	资产原值	本期折旧、摊销	累计折旧、摊销
一、固定资产小计	6 750 000	685 400	2 573 000
房屋建筑物	3 600 000	171 000	956 000
机器设备	2 760 000	390 000	1 360 000
器具工具家具	60 000	11 400	25 000
各类汽车	240 000	57 000	142 000
电子设备	90 000	56 000	90 000
二、无形资产	2 000 000	40 000	240 000

【资料 12】　该公司属于可以选择固定资产加速折旧的行业，从 2015 年开始，公司对新购入的固定资产采用按最低折旧年限的 60%计提折旧的加速折旧方法，该企业的电子设备单位价值均低于 5 000 元，企业在购入时一次性计入管理费用，在

计算应纳税所得额时全额扣除。该公司按税法规定计提折旧，折旧的计提属于税会处理一致的情况。由于固定资产采用加速折旧，与不采用加速折旧的正常折旧存在差异，表5-12-1为加速折旧统计情况。

表5-1-12　　固定资产折旧汇总表　　单位：人民币元

项目	本期折旧额			累计折旧额		
	会计、税收折旧额	正常折旧额	加速折旧统计额	会计、税收折旧额	正常折旧额	加速折旧统计额
机器设备	390 000	262 200	127 800	1 360 000	1 232 200	127 800
电子设备	56 000	28 500	27 500	90 000	62 500	27 500

【资料13】 人工费用明细表见表5-1-13。

表5-1-13　　人工费用明细表　　单位：人民币元

序号	费用项目	实际支出数额	备　注
1	工资支出	2 800 000	1. 工资支出符合税法规定，其中5名残疾职工的全年工资为147 250元。 2. 上缴工会组织的工会经费为56 000元。 3. 职工教育经费无以前年度累计结转扣除额。 4. 各类基本社会保障性缴款账载数与税收数一致。 5. 该公司没有为员工交纳住房公积金，也没有缴纳补充险。
2	福利费用支出	400 000	
3	职工教育经费支出	75 000	
4	工会组织的工会经费	56 000	
5	各类基本社会保障性缴款	616 000	
合　计		3 947 000	

【资料14】 公司近5年盈利及亏损情况见表5-1-14。

表5-1-14　　公司近5年盈利及亏损情况表　　单位：人民币元

年度	盈利额或亏损额	备注
2011	－450 000	盈利和亏损额是指结果纳税调整后的金额。
2012	－130 000	
2013	190 000	
2014	－20 000	
2015	380 000	

【资料15】 该公司2017年一季度实现营业收入320万元，发生营业成本214万元，实现利润总额32.7万元，该公司2017年一季度没有购进新的固定资产，也没有报废的固定资产。

3. 实训要求

根据上述资料，填写企业所得税年度纳税申报表（A类），填写2017年一季度预缴企业所得税申报表（A类）。

实操提示：请登录“学问通”实训平台，进入“纳税实训”课程，进行相关实训操作。具体点击“模拟报税”按钮，模拟操作“国税网上申报”业务流程，完成企业所得税（查账征收企业）纳税申报业务。

（二）案例2

1. 实训基础资料

企业名称：通乐汽车配件制造有限责任公司

社会信用代码：91460700DNADCQO092

法定代表人：李福全

财务负责人：崔名涛

办税人员：郑向明

注册资本：1 000万元

开户银行及账号：中国工商银行江东支行，8634671270365907557

注册地址：广宁省白海市江东区长江东路1319号

国税局税务登记类型：增值税一般纳税人

经营范围：汽车配件设计制造与销售

适用的会计准则：企业会计准则（一般企业）

会计档案的存放地：广宁省白海市江东区长江东路1319号

会计核算软件：用友

记账本位币：人民币

会计政策和估计是否发生变化：否

固定资产折旧方法：年限平均法

存货成本计价方法：月末一次加权平均法

坏账损失核算方法：直接核销法

企业所得税计算方法：应付税款法

2. 实训业务资料

通乐汽车配件制造有限责任公司为增值税一般纳税人，2016年度有员工147人，其中残疾职工4人。企业按分季预缴、年终汇算清缴的方法缴纳企业所得税。

该公司全年主营业务收入4 600万元，主营业务成本3 690万元，税金及附加160万元，其他业务收入200万元，其他业务成本170万元，销售费用190万元，管理费用320万元，财务费用100万元，投资收益45万元，营业外收入10万元，营业外支出60万元。涉及纳税调整项目的具体说明如下。

（1）主营业务收入为自产的汽车配件销售收入。

（2）税金及附加、其他业务收入和其他业务成本不涉及纳税调整事项；其他业务收入 200 万元均为出租厂房取得的租金收入。

（3）销售费用包括广告费和宣传费 70 万元，均符合税法规定条件。

（4）管理费用包括业务招待费 40 万元，开发新技术、新产品、新工艺发生的研究开发费用 60 万元。

（5）财务费用包括向非金融机构的借款利息 60 万元，年息 12%（银行同期同类贷款利率为 9.6%）。

（6）投资收益包括：①2016 年 9 月，取得被投资企业长远公司分回的利润 36 万元，该企业拥有长远公司 18%的股权，采用成本法进行会计核算，初始投资成本为 240 万元，本年度没有增加投资额，也没有其他投资业务的发生；②取得到期的国债利息收入 9 万元。

（7）全年实际发放的工资总额为 600 万元，满足税法规定的条件，实际支出了 85 万元职工福利费、15 万元职工教育经费和 12 万元工会经费，列支的工会经费均取得工会专用凭据，支付给残疾人工资 13.2 万元。

（8）营业外收入 10 万元为转让无形资产的净收益。

（9）营业外支出包括出售固定资产净损失 6 万元，向银行缴纳罚息 9 万元，工商部门罚款 11 万元，通过当地教育部门向红星农民工小学捐赠 34 万元。

（10）该企业 2016 年度购入符合规定的环保设备，价格为 20 万元。

（11）以前年度盈亏情况见表 5-2-1。

表 5-2-1　　**以前年度盈亏情况表**　　单位：万元

年度	2011	2012	2013	2014	2015
应纳税所得额	—18	6	—7	5	9

该企业 2016 年预缴企业所得税 18 万元。

该企业以前年度不存在多缴和未缴企业所得税的情况。

3. 实训要求

（1）计算通乐汽车配件制造有限责任公司 2017 年度应缴纳的企业所得税税额。

（2）填写企业所得税年度纳税申报表（A 类）。

实操提示：请登录“学问通”实训平台，进入“纳税实训”课程，进行相关实训操作。具体点击“模拟报税”按钮，模拟操作“国税网上申报”业务流程，完成企业所得税（查账征收企业）纳税申报业务。

任务 5.2 核定征收企业所得税的纳税申报

【情景引入】

成源汽车修理厂为一家小型企业，设立时因规模较小，会计账簿设置比较简单，不能正确核算成本费用，主管税务机关将该修理厂的企业所得税征收方式认定为核定征收，核定其应税所得率为10%。该修理厂应如何预缴企业所得税？如何进行年度企业所得税的汇算清缴？

一、实训要求

计算的应纳税所得额及应纳税额，填写企业所得税月（季）度预缴和年度纳税申报表（B类），完成企业所得税汇算清缴工作。

二、相关税法规定

（一）核定征收企业所得税的范围

居民企业具有下列情形之一的，核定征收企业所得税。

（1）依照法律、行政法规的规定可以不设置账簿的；

（2）依照法律、行政法规的规定应当设置但未设置账簿的；

（3）擅自销毁账簿或者拒不提供纳税资料的；

（4）虽设置账簿，但账目混乱或成本资料、收入凭证、费用凭证残缺不全，难以查账的；

（5）发生纳税义务，未按照规定的期限办理纳税申报，经税务机关责令限期申报，逾期仍不申报的；

（6）申报的计税依据明显偏低，又无正当理由的。

会计、审计、资产评估、税务、房地产估价、土地估价、工程造价、律师、价格鉴证、公证机构、基层法律服务机构、专利代理、商标代理以及其他经济鉴证类社会中介机构，不适用企业所得税核定征收办法。

（二）核定征收的办法

税务机关应根据纳税人的具体情况，对核定征收企业所得税的纳税人，核定应税所得率或者核定应纳所得税额。

1. 核定应税所得率

居民企业具有下列情形之一的，应核定应税所得率。

（1）能正确核算收入总额，但不能正确核算成本费用总额的；

（2）能正确核算成本费用总额，但不能正确核算收入总额的；

（3）通过合理方法，能计算和推定纳税人收入总额或成本费用总额的。

采用应税所得率方式核定征收企业所得税的，其计算公式为：

应纳税所得额＝应税收入额×应税所得率

或

应纳税所得额＝成本(费用)支出额÷(1－应税所得率)×应税所得率

应纳税额＝应纳税所得额×适用税率

2. 核定应纳所得税额

对不符合核定应税所得率的纳税人，由税务机关采用以下方法核定其应纳所得税额。

（1）参照当地同类行业或者类似行业中经营规模和收入水平相近的纳税人的税负水平核定；

（2）按照应税收入额或成本费用支出额定率核定；

（3）按照耗用的原材料、燃料、动力等推算或测算核定；

（4）按照其他合理方法核定。

采用前款所列一种方法不足以正确核定应纳税所得额或应纳税额的，可以同时采用两种以上的方法核定。采用两种以上方法测算的应纳税额不一致时，可按测算的应纳税额从高核定。

三、核定征收企业所得税申报流程

企业所得税采用网上申报方式，纳税人通过登录网上申报系统填写纳税申报表，完成纳税申报工作。具体流程如下。

1. 登录网上申报系统

登录互联网国税或地税局，选择“税费申报”模块，选择“申报”下的“企业所得税申报”，选择“企业所得税月（季）度预缴和年度纳税申报表（B类，2015 版）”。

2. 进行报表填写

核定征收企业所得税的纳税申报表比较简单，预缴和年度申报采用同一种报表，企业只需将基础信息填写清楚，很多申报信息系统会自动生成。

3. 生成税收缴款书

完成上述操作后，系统会自动生成税收缴款书。

四、实训案例

（一）案例1

1. 实训基础资料

以情景引入的资料为本实训案例。

成源汽车修理厂为一家小型企业，企业所得税征收方式采用核定征收，核定其应税所得率为10%。该修理厂资产总额为900万元，拥有员工17人，满足小型微利企业资产和人数的规定，不属于国家限制和禁止的行业。

2. 实训业务资料

2016年度该公司取得各项收入总额213万元，其中包括国债利息收入1.4万元，不征税收入5.6万元，该修理厂已预缴企业所得税1.2万元。

3. 实训要求

（1）根据上述资料计算该修理厂应纳企业所得税。

（2）填写企业所得税月（季）度预缴和年度纳税申报表（B类，2015版）。

实操提示：请登录“学问通”实训平台，进入“纳税实训”课程，进行相关实训操作。具体点击“模拟报税”按钮，模拟操作“国税网上申报”业务流程，完成企业所得税（核定征收企业）纳税申报业务。

（二）案例2

1. 实训基础资料

企业名称：蓝海市金源商贸有限责任公司

社会信用代码：9144060028NDSAQOAB

法定代表人：王展平

财务负责人：赵景辉

办税人员：杜远明

注册资本：200万元

开户银行及账号：中国工商银行河东支行，8634671270340457532

注册地址：广宁省蓝海市河东区淮海路148号

国税局税务登记类型：增值税小规模纳税人

经营范围：五金交电产品，电子产品

2. 实训业务资料

蓝海市金源商贸有限责任公司的企业所得税征收方式采用核定征收，核定其应税所得率为12%。该商贸有限公司资产总额为800万元，拥有员工12人，满足小型微利企业资产和人数的规定，不属于国家限制和禁止的行业。2016年度该公司取得各项收入总额 226 万元，其中包括国债利息收入 1 万元，该公司已预缴企业所得税 1.7 万元。

3. 实训要求

(1) 计算蓝海市金源商贸有限责任公司 2016 年应当缴纳的企业所得税。

(2) 根据上述资料，填写企业所得税月（季）度预缴和年度纳税申报表（B 类，2015 版）。

实操提示：请登录“学问通”实训平台，进入“纳税实训”课程，进行相关实训操作。具体点击“模拟报税”按钮，模拟操作“国税网上申报”业务流程，完成企业所得税（核定征收企业）纳税申报业务。

项目 6

个人所得税纳税实训

【实训目的】

- 熟悉我国个人所得税的纳税人、征税范围、税率；
- 掌握我国个人所得税应纳税额的计算；
- 熟悉我国个人所得税的征收方式、代扣代缴及自行申报的有关规定；
- 熟练办理代扣代缴个人所得税的扣缴申报业务；
- 熟练办理个人所得税的自行纳税申报业务；
- 熟练办理个体工商户个人所得税的纳税申报业务。

任务 6.1　代扣代缴个人所得税的纳税申报

【情景引入】

创想广告有限责任公司成立于 2014 年 9 月，共有职工 8 人，因公司人员较少，合并设立 3 个部门。当地地税部门将其确定为个人所得税扣缴义务人，并发放了个人所得税扣缴税款登记证。该公司按照薪酬管理制度按时给员工发放工资并办理基本社会保险及住房公积金。该公司的办税人员除了作为纳税义务人缴纳增值税、城市维护建设税、教育费附加和企业所得税等税种外，还要作为扣缴义务人办理个人所得税的代扣代缴工作，依法履行代扣代缴义务。该公司办税人员应如何代扣代缴个人所得税？应于何时何地进行扣缴个人所得税的纳税申报？

一、实训要求

计算创想广告有限责任公司应代扣代缴的个人所得税税额，进行扣缴个人所得税的申报。

二、相关税法规定

（一）个人所得税的纳税人

个人所得税的纳税人是指在中国境内有住所，或者无住所而在中国境内居住满 1 年的个人，以及在中国境内无住所又不居住或者无住所而在境内居住不满 1 年的个人，包括中国公民、个体工商业户、个人独资企业、合伙企业投资者、在中国有所得的外籍人员（包括无国籍人员），以及中国香港、澳门、台湾的同胞。

我国个人所得税参照国际惯例，按照属地兼属人双重原则并依据住所和居住时间两个标准，将纳税人区分为居民纳税人和非居民纳税人，分别承担不同的纳税义务。

1. 居民纳税人

居民纳税人是指在中国境内有住所，或者无住所而在中国境内居住满 1 年的个人。居民纳税人负有无限纳税义务。其所取得的应纳税所得，无论是来源于中国境内还是中国境外任何地方，都要在中国缴纳个人所得税。

2. 非居民纳税人

非居民纳税人是指在中国境内无住所又不居住或者无住所而在境内居住不满 1 年的个人。非居民纳税人承担有限纳税义务，即仅就其来源于中国境内的所得，向中国缴纳个人所得税。

（二）个人所得税的征税范围

1. 工资、薪金所得

工资、薪金所得是指个人因任职或者受雇而取得的工资、薪金、奖金、年终加薪、劳动分红、津贴、补贴以及与任职或者受雇有关的其他所得。

2. 个体工商户的生产、经营所得

个体工商户的生产、经营所得是指个体工商户从事工业、手工业、建筑业、交通运输业、商业、饮食业、服务业、修理业及其他行业取得的所得。个人独资企业和合伙企业生产经营所得，比照“个体工商户的生产、经营所得”应税项目计算征收个人所得税。

3. 对企事业单位的承包经营、承租经营所得

对企事业单位的承包经营、承租经营所得是指个人承包经营、承租经营以及转包、转租取得的所得，包括个人按月或者按次取得的工资、薪金性质的所得。

4. 劳务报酬所得

劳务报酬所得指个人独立从事各种非雇佣的各种劳务所取得的所得。主要内容有：设计、装潢、安装、制图、化验、测试、医疗、法律、会计、咨询、讲学、新闻、广播、翻译、审稿、书画、雕刻、影视、录音、录像、演出、表演、广告、展览、技术服务、介绍服务、经纪服务、代办服务、其他劳务等。

5. 稿酬所得

稿酬所得是指个人因其作品以图书、报刊形式出版、发表而取得的所得。包括文学作品、书画作品、摄影作品等出版、发表取得的所得，以及财产继承人取得的遗作稿酬。

6. 特许权使用费所得

特许权使用费所得是指个人提供专利权、商标权、著作权、非专利技术以及其他特许权的使用权取得的所得；提供著作权的使用权取得的所得，不包括稿酬所得。

7. 利息、股息、红利所得

利息、股息、红利所得是指个人拥有债权、股权而取得的利息、股息、红利所得。

8. 财产租赁所得

财产租赁所得是指个人出租建筑物、土地使用权、机器设备、车船以及其他财产取得的所得。个人将财产转租取得的收入，属于转租人的财产租赁所得。

9. 财产转让所得

财产转让所得是指个人转让有价证券、股权、建筑物、土地使用权、机器设备、车船以及其他财产取得的所得。

10. 偶然所得

偶然所得是指个人得奖、中奖、中彩以及其他偶然性质的所得。得奖是指参加各种有奖竞赛活动，取得名次得到的奖金；中奖、中彩是指参加各种有奖活动，如有奖销售、有奖储蓄，或者购买彩票，经过规定程序，抽中、摇中号码而取得的奖金。偶然所得应缴纳的个人所得税税款，一律由发奖单位或机构代扣代缴。

11. 经国务院财政部门确定征税的其他所得

除上述列举的各项个人应税所得外，其他确有必要征税的个人所得，由国务院财政部门确定。

(三) 个人所得税的税率

我国的个人所得税实行分类所得税制，按照应税所得的种类分别规定了比例税率和超额累进税率等税率形式。具体规定如下。

1. 工资、薪金所得

工资、薪金所得适用七级超额累进税率，税率为3%～45%（见表6-1)。

表6-1 工资、薪金所得个人所得税税率表

级数	月含税应纳税所得额	税率（%）	速算扣除数
1	不超过1 500元的部分	3	0
2	超过1 500至4 500元的部分	10	105
3	超过4 500至9 000元的部分	20	555
4	超过9 000至35 000元的部分	25	1 005
5	超过35 000至55 000元的部分	30	2 755
6	超过55 000至80 000元的部分	35	5 505
7	超过80 000元的部分	45	13 505

2. 个体工商户的生产、经营所得和对企事业单位的承包经营、承租经营所得

个体工商户的生产、经营所得和对企事业单位的承包经营、承租经营所得，适用5%～35%的五级超额累进税率（见表6-2）。

表6-2 个体工商户的生产、经营所得和对企事业单位的承包、承租经营所得个人所得税税率表

级数	全年应纳税所得额	税率（%）	速算扣除数
1	不超过15 000元的部分	5	0
2	超过15 000元至30 000元的部分	10	750
3	超过30 000元至60 000元的部分	20	3 750
4	超过60 000元至100 000元的部分	30	9 750
5	超过100 000元的部分	35	14 750

个人独资企业和合伙企业的生产经营所得，也适用5%～35%的五级超额累进税率。

3. 稿酬所得

稿酬所得适用比例税率，税率为20%，并按应纳税额减征30%，其实际税负为14%。

4. 劳务报酬所得

劳务报酬所得适用比例税率，税率为20%。对劳务报酬所得一次收入畸高的，实行加成征收，具体见表6-3。

表6-3 劳务报酬所得个人所得税税率表

级数	每次应纳税所得额	税率（%）	速算扣除数
1	不超过20 000元的部分	20	0
2	超过20 000至50 000元的部分	30	2 000
3	超过50 000元的部分	40	7 000

5. 特许权使用费所得，利息、股息、红利所得，财产租赁所得，财产转让所得，偶然所得和其他所得

特许权使用费所得，利息、股息、红利所得，财产租赁所得，财产转让所得，偶然所得和其他所得，适用比例税率，税率为20%。

（四）个人所得税的优惠政策

1. 免征个人所得税的优惠

（1）省级人民政府、国务院部委和中国人民解放军军以上单位，以及外国组织颁发的科学、教育、技术、文化、卫生、体育、环境保护等方面的奖金；

（2）国债和国家发行的金融债券利息；

（3）按照国家统一规定发给的补贴、津贴；

（4）福利费、抚恤金、救济金；

（5）保险赔款；

（6）军人的转业费、复员费；

（7）按照国家统一规定发给干部、职工的安家费、退职费、退休工资、离休工资、离休生活补助费；

（8）依照我国有关法律规定应予免税的各国驻华使馆、领事馆的外交代表、领事官员和其他人员的所得；

（9）中国政府参加的国际公约以及签订的协议中规定免税的所得；

（10）企业和个人按照省级以上人民政府规定的比例提取并缴付的住房公积金、医疗保险金、基本养老保险金、失业保险金、工伤保险、生育保险（五险一金），不计入个人当期的工资、薪金收入，免予征收个人所得税。超过规定的比例缴付的部分计征个人所得税。个人领取原提存的住房公积金、医疗保险金、基本养老保险金时，免予征收个人所得税。

（11）经国务院财政部门批准的其他免税所得。

2. 减征个人所得税的优惠

（1）残疾、孤老人员和烈属的所得；

（2）因严重自然灾害造成重大损失的；

（3）其他经国务院财政部门批准减税的。

（五）个人所得税应纳税额的计算

1. 工资、薪金所得应纳税额的计算

（1）应纳税所得额的计算。

工资、薪金所得实行按月计征的办法。以个人每月收入额固定扣除3 500元费用后的余额为应纳税所得额，适用7级超额累进税率表的税率计算应纳税额。计算公式为：

应纳税所得额=月工资、薪金收入-费用扣除标准 3 500 元

对涉外人员工资、薪金所得计征个人所得税时，在减除 3 500 元的基础上，再附加减除费用 1 300 元，即合计扣除 4 800 元。计算公式为：

$$\text{应纳税所得额}=\text{月工资、薪金收入}-\text{费用扣除标准 3 500 元}-\text{附加减除费用 1 300 元}$$

（2）应纳税额的计算。

①一般工资、薪金所得应纳个人所得税的计算公式为：

应纳税额=应纳税所得额×适用税率-速算扣除数

②对个人取得全年一次性奖金应纳税额的计算。

全年一次性奖金是指行政机关、企事业单位等扣缴义务人根据全年经济效益和对雇员全年工作业绩的综合考核情况，向雇员发放的一次性奖金。一次性奖金也包括年终加薪、实行年薪制和绩效工资办法的单位根据考核情况兑现的年薪和绩效工资。

纳税人一次取得全年一次性奖金或年终加薪、劳动分红，应单独作为一个月工资、薪金所得计算纳税，并按以下计税办法，由扣缴义务人发放时代扣代缴。

第一步：查找税率及速算扣除数。

先将雇员当月内取得的全年一次性奖金，除以 12 个月，按其商数确定适用税率和速算扣除数。

如果在发放年终一次性奖金的当月，雇员当月工资、薪金所得低于税法规定的费用扣除额，应将全年一次性奖金减除“雇员当月工资、薪金所得与费用扣除额的差额”后的余额，按上述办法确定全年一次性奖金的适用税率和速算扣除数。

第二步：计算应纳税额。

将雇员个人当月内取得的全年一次性奖金，按照确定的适用税率和速算扣除数计算征税，计算公式如下。

如果雇员当月工资、薪金所得高于（或等于）税法规定的费用扣除额的，适用公式为：

应纳税额=雇员当月取得全年一次性奖金×适用税率-速算扣除数

如果雇员当月工资、薪金所得低于税法规定的费用扣除额的，适用公式为：

$$\text{应纳税额}=\left(\text{雇员当月取得全年一次性奖金}-\text{雇员当月工资薪金所得与费用扣除额的差额}\right)\times\text{适用税率}-\text{速算扣除数}$$

2. 劳务报酬所得应纳税额的计算

（1）应纳税所得额的计算。

劳务报酬所得以个人每次取得的收入，定额或定率减除规定费用后的余额为应纳税所得额。每次收入不超过 4 000 元的，定额减除费用 800 元；每次收入在 4 000 元以上的，定率减除 20%的费用。

(2) 应纳税额的计算。

劳务报酬所得适用20%的税率，其应纳税额的计算公式为：

应纳个人所得税额=应纳税所得额×适用税率

如果纳税人的每次应税劳务报酬所得超过20 000元，应实行加成征税，其应纳税总额应依据相应税率和速算扣除数计算。计算公式为：

应纳个人所得税额=应纳税所得额×适用税率-速算扣除数

3. 稿酬所得应纳税额的计算

(1) 应纳税所得额的计算。

稿酬所得应纳税所得额的计算与劳务报酬所得应纳税所得额的计算相同。

(2) 应纳税额的计算。

应纳个人所得税额=应纳税所得额×适用税率×(1-30%)

4. 特许权使用费所得应纳税额的计算

(1) 应纳税所得额的计算。

特许权使用费所得应纳税所得额的计算与劳务报酬所得应纳税所得额的计算相同。

(2) 应纳税额的计算。

应纳个人所得税额=应纳税所得额×适用税率

5. 利息、股息、红利和偶然所得应纳税额的计算

(1) 应纳税所得额的计算。

利息、股息、红利和偶然所得以个人每次取得的收入额为应纳税所得额，不得从收入额中扣除任何费用。

(2) 应纳税额的计算。

应纳个人所得税额=应纳税所得额(每次收入额)×适用税率

6. 财产租赁所得应纳税额的计算

(1) 应纳税所得额的计算。

①每次收入不超过4 000元的。

$$应纳税所得额=每次（月）收入额-准予扣除的项目-\begin{matrix}准予扣除的\\修缮费\end{matrix}-800$$

②每次收入在4 000元以上的。

$$\begin{matrix}应纳税\\所得额\end{matrix}=\left[每次(月)收入额-\begin{matrix}准予扣除\\的项目\end{matrix}-\begin{matrix}准予扣除的\\修缮费\end{matrix}\right]\times(1-20\%)$$

(2) 应纳税额的计算。

应纳税额=应纳税所得额×适用税率

7. 财产转让所得应纳税额的计算

(1) 应纳税所得额的计算。

应纳税所得额=收入总额-财产原值-合理税费

（2）应纳税额的计算。

应纳税额＝应纳税所得额×适用税率

三、扣缴义务人扣缴个人所得税的相关规定及申报流程

（一）扣缴义务人代扣代缴个人所得税的相关规定

1. 扣缴义务人代扣代缴个人所得税的情况

凡支付个人应纳税所得的单位或者个人，为个人所得税的扣缴义务人。扣缴义务人向个人支付下列所得，应代扣代缴个人所得税。

（1）工资、薪金所得；

（2）对企事业单位的承包经营、承租经营所得；

（3）劳务报酬所得；

（4）稿酬所得；

（5）特许权使用费所得；

（6）利息、股息、红利所得；

（7）财产租赁所得；

（8）财产转让所得；

（9）偶然所得；

（10）经国务院财政部门确定征税的其他所得。

2. 扣缴义务人代扣代缴个人所得税的具体规定

扣缴义务人向个人支付应纳税所得（包括现金支付、汇拨支付、转账支付和以有价证券、实物以及其他形式支付的折算金额）时，不论纳税人是否属于本单位人员，均应代扣代缴其应纳的个人所得税税款。

扣缴义务人应指定支付应纳税所得的财务会计部门或其他有关部门的人员为办税人员，由办税人员具体办理个人所得税的代扣代缴工作。同一扣缴义务人的不同部门支付应纳税所得时，应报办税人员汇总。

扣缴义务人在代扣税款时，必须向纳税人开具税务机关统一印制的代扣代收税款凭证，并详细注明纳税人姓名、工作单位、家庭住址和居民身份证或护照号码等个人情况。对工资、薪金所得和利息、股息、红利所得等，因纳税人数众多、不便一一开具代扣代收税款凭证的，经主管税务机关同意，可不开具代扣代收税款凭证，但应通过一定形式告知纳税人已扣缴税款。纳税人为持有完税依据而向扣缴义务人索取代扣代收税款凭证的，扣缴义务人不得拒绝。

（二）扣缴义务人的申报流程

个人所得税明细申报需在每月征期之内完成，扣缴义务人通过“金税三期”完

成个人所得税的代扣代缴申报，具体流程如下。

1. 填写人员基础信息表

该步骤在初次申报和员工发生变化时使用。点击桌面“金税三期个人所得税扣缴系统”快捷方式，进入主页面。首次使用则可以直接点击“立即体验”，进入主页面。

点击主页面左侧“人员登记”功能，通过逐人添加或导入模板方式，填写纳税人姓名、证照号码、联系电话等基本信息。

（1）“添加”操作（适用于纳税数据少的情况）。

在人员登记界面，点击“人员登记”，点击“添加”，在窗口中输入纳税人信息。（带＊项为必填项。）

（2）“导入”操作（适用于纳税数据较多的情况）。

除了前面讲的手工添加纳税人外，还可以从外部导入纳税人信息。导入时，需使用系统提供的标准模板，否则数据将无法正常导入。

①在人员登记界面，点击“导入”下的“模板下载”，将模板保存到本地计算机。该模板为 Excel 表格形式（以下称“Excel 模板”）。

②打开 Excel 模板，逐行填写相应的信息。如果单位之前已经通过模板形式实现了正常进行明细申报，可以通过复制粘贴形式，将原有模板内容复制到该模板中。

③填写保存好 Excel 模板数据后，使用本系统的导入功能导入文件。具体是点击“导入”中的“导入文件”，选择计算机中已填写好的 Excel 模板，点击“导入”。对于填写不规范的信息，导入过程中会自动提示，单位根据提示进行相应修改即可。

2. 填写扣缴个人所得税报告表

“金税三期个人所得税扣缴系统”从规范化、精细化操作考虑，针对个人收入的不同情形，设置了不同的表格，扣缴单位根据支付个人收入的实际情况，选择相应的表格，分别填写申报，目前表格共有 21 种。

点击主页面左侧“报表填写”功能，选择需要填写的报表，通过添加或导入模板方式，填写收入额、扣除及减除额等收入信息，一般情况下系统会自动计算出税款。具体操作是：进入“报表填写”模块后，单击表单名称或者点击右侧的“填写”按钮，顺次操作。默认显示正常工资薪金收入、外籍人员正常工资薪金收入、全年一次性奖金收入、劳务报酬四张报表，其他报表可通过管理表单勾选，需要填写的报表会增加到页面中。

如果扣缴个人所得税报告表中有减免税款的情况（残疾、孤老、烈属，自然灾害等减免事项须经主管税务机关审批核准），需要填写“减免事项附表”，否则无法进行申报。具体是选中一条具有减免税额的记录，点击“编辑”，输入减免税信息。

3. 申报表报送

（1）发送申报。

人员信息表及扣缴个人所得税报告表填写完毕后，选择“申报表报送”功能，自动生成扣缴报告表，确定之后点击“发送申报”，系统自动开始发送数据。对于同一个单位如果涉及多个项目的收入，需要填报完对应的所有申报表后，再进行申报表报送的操作。

（2）获取反馈。

每次申报成功后，请及时获取反馈，可从“报表状态”中查看。

（3）申报作废。

网络申报用户在申报成功尚未扣款的情况下，如需作废当月申报数据，可进行申报作废。选择“申报作废”，点击操作列下的“作废”按钮，根据系统确认信息点击“确定”，作废成功后，修改错误的申报数据后重新申报。

4. 缴纳税款

（1）税款缴纳。

对于未签订三方协议的单位，申报成功后，需要到地税部门办税服务厅缴纳税款。

对于已经签订了三方协议的单位，可使用本系统，直接缴纳税款。具体操作是：选择主页面左侧的网上缴款下的“税款缴纳”菜单，自动同步三方协议，选中需要缴款的记录，点击“立即缴纳”。

（2）申报更正。

申报成功或缴款成功后，发现有漏报、错报的情况，可通过“申报更正”更正错误，更正后重新进行“申报表报送”。

四、实训案例

（一）案例 1

1. 实训基础资料

以情景引入的资料为本实训案例。

创想广告有限责任公司成立于 2014 年 9 月，共有职工 8 人，因公司人员较少，合并设立 3 个部门。当地地税部门将其确定为个人所得税扣缴义务人，并发放了个人所得税扣缴税款登记证，该公司有关个人所得税的相关资料如下。

扣缴义务人名称：创想广告有限责任公司

社会信用代码：91410500ADDACOPMN1

经济性质：有限责任公司

法定代表人：朱世航，身份证号码为 522322196704062835

财务负责人：江得广，身份证号码为 520204197210046533

办税人员：赵彤彤，身份证号码为 522501198102170472

注册资本：100 万元

开户银行及账号：中国工商银行开发支行，6222020015672307822

单位地址及邮编：广宁省安阳市开发区光明路 26 号，455000

扣缴义务人所属行业：广告业

公司从设立至今，在职职工一直是 8 人，公司的应发工资由基本工资、绩效工资、津贴、奖金、出勤奖励、加班费构成。公司人事部依照上一年度 12 月份员工工资在国家、省政府规定的比例范围内核定了 2017 年每月应从职工工资中扣缴的基本养老保险金、医疗保险金、失业保险金、住房公积金。公司财务每月 25 日填制工资表，28 日将款项打入银行个人工资账户发放工资。

2. 实训业务资料

公司任职职工的基本信息见表 6-1-1。

表 6-1-1　　公司任职职工基本信息表

序号	姓名	性别	身份证号	部门	职务	户籍	学历
1	朱世航	男	522322196704062835	总经办	总经理	安阳	本科
2	江得广	男	520204197210046533	财务人事	财务负责人	安阳	本科
3	赵彤彤	女	522501198102170472	财务人事	办税员	安阳	本科
4	刘大勇	男	230101197605230017	设计部	创意总监	安阳	研究生
5	陈思泉	男	350402197408110017	设计部	设计师	安阳	本科
6	王建军	男	350402198202142013	设计部	设计师	安阳	本科
7	贺晟	男	46010119750715007X	制作部	工程师	安阳	本科
8	赵婕伟	男	142601198604050016	制作部	工人	安阳	高中

创想广告有限责任公司职工薪酬构成见表 6-1-2。

表 6-1-2　　创想广告有限责任公司职工薪酬构成表

制表：财务人事部　　制表时间：2017 年 3 月 25 日　　单位：元

序号	部　门	姓　名	工资构成						应发工资
			基本工资	绩效工资	津贴	奖金	出勤工资	加班费	
1	总经办	朱世航	4 000	3 000	500	1 000	300		8 800
2	财务人事部	江得广	3 800	2 000	300	800	300		7 200
3	财务人事部	赵彤彤	2 500	1 500	200	500	300		5 000
4	设计部	刘大勇	4 000	2 500	350	800	300	500	8 450
5	设计部	陈思泉	3 500	2 000	350	700	300	400	7 250
6	设计部	王建军	3 000	2 000	300	600	300	400	6 600
7	制作部	贺晟	3 500	2 500	350	800	300	500	7 950
8	制作部	赵婕伟	2 500	1 500	200	500	300	400	5 400
合　计			26 800	17 000	2 550	5 700	2 400	2 200	56 650

注：1. 应发工资＝基本工资＋绩效工资＋津贴＋奖金＋全勤工资＋加班费。

2. 基本工资、绩效工资、津贴每年由人事部依据公司薪酬管理制度核定，若无升迁年内不变。

3. 奖金、加班费根据实际工作情况和业绩计算。

4. 出勤工资以 300 元为基数，出全勤方可得 300 元，根据缺勤天数按日扣减 10 元，考勤由人事部门负责。

创想广告有限责任公司职工“三险一金”扣缴情况见表6-1-3。

表6-1-3　　　　创想广告有限责任公司职工“三险一金”扣缴表

制表：人事部　　　　　　　制表时间：2017年3月25日　　　　　　　单位：元

序号	部门	姓名	三险一金				小计
			养老保险	医疗保险	失业保险	住房公积金	
1	总经办	朱世航	800	80	40	400	1 320
2	财务人事部	江得广	760	76	38	380	1 254
3	财务人事部	赵彤彤	500	50	25	250	825
4	设计部	刘大勇	800	80	40	400	1 320
5	设计部	陈思泉	700	70	35	350	1 155
6	设计部	王建军	600	60	30	300	990
7	制作部	贺　晟	700	70	35	350	1 155
8	制作部	赵婕伟	500	50	25	250	825
合　计			5 360	536	268	2 680	8 844

3. 实训要求

根据上述业务，计算代扣代缴的个人所得税。

实操提示：请登录“学问通”实训平台，进入“纳税实训”课程，进行相关实训操作。具体点击“模拟报税”按钮，模拟操作“金税三期个人所得税扣缴系统”业务流程，完成代扣代缴个人所得税的纳税申报业务。

（二）案例2

1. 实训基础资料

衡岱税务师事务所有限责任公司成立于2015年9月，共有职工7人，因公司人员较少，不再下设具体部门。当地地税部门将其确定为个人所得税扣缴义务人，并发放了个人所得税扣缴税款登记证，该公司有关个人所得税的相关资料如下。

扣缴义务人名称：衡岱税务师事务所有限责任公司

社会信用代码：915203007652BDOQPA

经济性质：有限责任公司

法定代表人：何宏云，身份证号码为510302195809151983

财务负责人：马涛海，身份证号码为210302196310046543

办税人员：赵明茹，身份证号码为222502197502090582

单位地址及邮编：安宁省辽西市大田区大学路88号，111221

开户银行及账号：中国工商银行大学路支行，4096006688022389422

注册资本：100万元

扣缴义务人所属行业：鉴证咨询

2. 实训业务资料

【资料1】 2017年衡岱税务师事务所有限责任公司职工花名册见表6-2-1。

表6-2-1　2017年衡岱税务师事务所有限责任公司职工花名册

制表时间：2017年1月3日

序号	姓　名	性别	职业	职务	学历	身份证号码
1	何宏云	男	专业技术人员	所长	本科	510302195809151983
2	张　强	男	专业技术人员	副所长	研究生	411204196008131647
3	马涛海	男	专业技术人员	财务负责人	本科	210302196310046543
4	赵明茹	女	专业技术人员	出纳	本科	222502197502090582
5	齐思思	女	专业技术人员	注册税务师	研究生	320201197010046534
6	周　东	男	专业技术人员	注册税务师	本科	212501196202170471
7	李玲洁	女	专业技术人员	注册税务师	本科	120105197306243218

【资料2】 2017年12月衡岱税务师事务所有限责任公司工资薪金收入明细情况见表6-2-2。

表6-2-2　2017年12月衡岱税务师事务所有限责任公司工资薪金收入明细

制表时间：2017年12月31日　　单位：元

序号	姓　名	应发工资	基本医疗保险金	基本养老保险金	失业保险金	住房公积金
1	何宏云	12 460.25	249.21	996.82	124.60	1 308.33
2	张　强	9 653.12	193.06	772.25	96.53	1 013.58
3	马涛海	8 596.56	171.93	687.72	85.97	902.64
4	赵明茹	5 068.13	101.36	405.45	50.68	532.15
5	齐思思	7 565.31	151.31	605.22	75.65	794.36
6	周　东	7 256.20	145.12	580.50	72.56	761.90
7	李玲洁	6 530.26	130.61	522.42	65.30	685.68

【资料3】 2017年12月衡岱税务师事务所有限责任公司全年一次性奖金发放明细情况见表6-2-3。

表6-2-3　全年一次性奖金发放明细表

序号	姓　名	全年一次性奖金（元）
1	何宏云	56 050.00
2	张　强	43 520.00
3	马涛海	32 531.00
4	赵明茹	16 000.00
5	齐思思	108 900.00
6	周　东	96 000.00
7	李玲洁	8 0300.00

3. 实训要求

(1) 根据上述相关资料，计算应代扣代缴的个人所得税；

(2) 办理代扣代缴个人所得税纳税申报。

实操提示：请登录“学问通”实训平台，进入“纳税实训”课程，进行相关实训操作。具体点击“模拟报税”按钮，模拟操作“金税三期个人所得税扣缴系统”业务流程，完成代扣代缴个人所得税的纳税申报业务（奖金业务暂时无法在模拟系统中完成）。

任务6.2　个人所得税自行纳税申报

【情景引入】

中国公民杨芸珊居住于东州市，为宏发制药股份有限公司（非上市公司）总经理并拥有公司股份，其工资实行年薪制，每月只领取基本工资，年终考核其业绩后发放绩效工资。2016年杨芸珊的全年所得在12万元以上，属于高收入人群，按我国个人所得税法的有关规定，应当自行申报纳税。杨芸珊应如何自行纳税申报？应于何时何地自行纳税申报？

一、实训要求

根据杨芸珊的个人所得，计算其应纳的个人所得税，自行进行纳税申报。

二、相关税法规定

自行申报纳税是由纳税人自行在税法规定的纳税期限内，向税务机关申报取得的应税所得项目和数额，如实填写个人所得税纳税申报表，并按照税法规定计算应纳税额，据此缴纳个人所得税的一种方法。

(一) 自行申报纳税的纳税义务人

1. 自2006年1月1日起，年所得12万元以上的；

2. 从中国境内两处或者两处以上取得工资、薪金所得的；

3. 从中国境外取得所得的；

4. 取得应税所得，没有扣缴义务人的；

5. 国务院规定的其他情形。

(二) 自行申报纳税的申报期限

1. 年所得12万元以上的纳税人，在纳税年度终了后3个月内向主管税务机关办理纳税申报。

2. 个体工商户和个人独资、合伙企业投资者取得的生产、经营所得应纳的税款，分月预缴的，纳税人在每月终了后 15 日内办理纳税申报；分季预缴的，纳税人在每个季度终了后 15 日内办理纳税申报；纳税年度终了后，纳税人在 3 个月内进行汇算清缴。

3. 纳税人年终一次性取得对企事业单位的承包经营、承租经营所得的，自取得所得之日起 30 日内办理纳税申报；在一个纳税年度内分次取得承包经营、承租经营所得的，在每次取得所得后的次月 15 日内申报预缴；纳税年度终了后 3 个月内汇算清缴。

4. 从中国境外取得所得的纳税人，在纳税年度终了后 30 日内向中国境内主管税务机关办理纳税申报。

5. 除以上规定的情形外，纳税人取得其他各项所得须申报纳税的，在取得所得的次月 15 日内向主管税务机关办理纳税申报。

（三）自行申报纳税的申报方式

纳税人可以采取数据电文、邮寄等方式申报，也可以直接到主管税务机关申报，或者采取符合主管税务机关规定的其他方式申报。纳税人采取邮寄方式申报的，以邮寄部门挂号信函收据作为申报凭据，以寄出的邮戳日期为实际申报日期。

纳税人也可以委托有税务代理资质的中介机构或者他人代为办理纳税申报。

（四）自行申报纳税的申报地点

1. 在中国境内有任职、受雇单位的，向任职、受雇单位所在地主管税务机关申报。

2. 在中国境内有两处或者两处以上任职、受雇单位的，选择并固定向其中一处单位所在地主管税务机关申报。

3. 在中国境内无任职、受雇单位，年所得项目中有个体工商户的生产、经营所得或者对企事业单位的承包经营、承租经营所得（以下统称生产、经营所得）的，向其中一处实际经营所在地主管税务机关申报。

4. 在中国境内无任职、受雇单位，年所得项目中无生产、经营所得的，向户籍所在地主管税务机关申报。在中国境内有户籍，但户籍所在地与中国境内经常居住地不一致的，选择并固定向其中一地主管税务机关申报。在中国境内没有户籍的，向中国境内经常居住地主管税务机关申报。

5. 其他所得的纳税人，纳税申报地点分别为：

（1）从两处或者两处以上取得工资、薪金所得的，选择并固定向其中一处单位所在地主管税务机关申报。

（2）从中国境外取得所得的，向中国境内户籍所在地主管税务机关申报。在中国境内有户籍，但户籍所在地与中国境内经常居住地不一致的，选择并固定向其中一地主管税务机关申报。在中国境内没有户籍的，向中国境内经常居住地主管税务机关申报。

三、自行申报的具体做法

对于年所得12万元以上的纳税人，其自行纳税申报并不是补缴税款。因为对绝大多数工薪族来说，单位已经在每月工资中为纳税人办理了代扣税款，申报只是走一下程序。因此，不少单位每年都为达到申报要求的职工进行集中代理申报，申报的收入仅限于在单位取得的工资薪金所得。

为方便纳税人完成申报，很多地区的地方税务局提供了多种申报渠道。纳税人大多通过登录省地税局门户网站，输入身份证号码及姓名等信息，审核个人所得税相关资料，在确认无误后点击“确认申报”，完成自行申报工作。纳税人也可以到办税服务厅进行纳税申报。

四、实训案例

（一）案例1

1. 实训基础资料

以情景引入的资料为本实训案例。

姓名：杨芸珊，身份证号码为522322196704062832

任职单位名称：宏发制药股份有限公司

任职单位的社会信用代码：91010110NOAOPN1100

任职单位所属行业：制造业

职务：总经理

职业：企业管理人员

住址：安宁省东州市和平区解放路58号幸福花园小区3栋1单元501房

邮编：110021

联系电话：13902108688

电子邮箱：yangyunshan@126.com

2. 实训业务资料

杨芸珊2016年取得如下收入。

【资料1】 每个月固定领取基本工资6 900元（任职单位每月已从其工资中扣缴了养老保险金、医疗保险金、失业保险金和住房公积金）。

【资料2】 11月8日，宏发制药股份有限公司给股东们发放股息，苏扬取得股息 20 000 元。公司已代扣代缴个人所得税。

【资料 3】 12 月 28 日，杨芸珊分得年终效益工资 25 万元。公司已代扣代缴个人所得税。

3. 实训要求

根据上述资料，计算宏发制药股份有限公司为杨芸珊代扣代缴的个人所得税。

（二）案例 2

1. 实训基础资料

姓名：李东来，身份证号码为 212501196202170471

任职单位名称：江北财经学院

任职单位的社会信用代码：91210105100668822N

任职单位所属行业：教育

职务：系主任

学历：研究生

职业：教师

住址：江北市新城区大学路 88 号江北财经学院住宅楼 2 栋 3 单元 302

邮编：120025

联系电话：13806770566

电子信箱：lidonglai@163.com

2. 实训业务资料

李东来 2016 年取得如下收入。

【资料 1】 每个月应发工资 8 500 元（任职单位每月已从其工资中扣缴了养老保险金、医疗保险金、失业保险金和住房公积金）。单位已代扣代缴个人所得税。

【资料 2】 学校每个学期（半年）发放一次绩效工资，上学期李东来的绩效工资为 8 000 元，于 7 月 15 日结算发放。下学期李东来的绩效工资为 9 000 元，于 12 月 30 日结算发放。单位已代扣代缴个人所得税。

【资料 3】 9 月 18 日，李东来编写的专著获得稿费 16 000 元（出版社已代扣代缴个人所得税，完税凭证略）。

【资料 4】 李东来受聘担任江宁股份有限公司独立监事，2016 年取得担任独立监事收入 90 000 元。江宁股份有限公司已代扣代缴个人所得税。

【资料 5】 7 月 20—25 日，李东来到校外的培训班讲课获得报酬 10 000 元。培训班已代扣代缴个人所得税。

3. 实训要求

根据上述资料，计算李东来各项收入应缴纳的个人所得税。

任务6.3　个体工商户个人所得税纳税申报

【情景引入】

个体工商户刘大海从事灯具销售业务，经营大海灯具商店。商店会计核算、账册健全，税务机关核定其个人所得税采用查账征收方式。2016年年末，大海灯具商店进行了年终结算。刘大海应缴纳多少个人所得税？应于何时何地办理纳税申报？

一、实训要求

根据大海灯具商店2016年的有关资料，计算个体工商户刘大海应纳的个人所得税税额，办理纳税申报。

二、相关税法规定

（一）个体工商户的生产、经营所得的内容

1. 个体工商户从事工业、手工业、建筑业、交通运输业、商业、饮食业、服务业、修理业及其他行业取得的所得。

2. 个人经政府有关部门批准，取得执照，从事办学、医疗、咨询以及其他有偿服务活动取得的所得。

3. 上述个体工商户和个人取得的与生产、经营有关的各项应税所得。

4. 个人因从事彩票代销业务而取得所得，应按照“个体工商户的生产、经营所得”项目计征个人所得税。

5. 其他个人从事个体工商业生产、经营取得的所得。

个人独资企业和合伙企业生产经营所得，比照“个体工商户的生产经营所得”应税项目计算征收个人所得税。

（二）个体工商户的生产、经营所得的应纳税所得额

个体工商户应纳税所得额的计算，以权责发生制为原则，财政部、国家税务总局另有规定的除外。

1. 计税基本规定

个体工商户的生产、经营所得，以每一纳税年度的收入总额，减除成本、费用、税金、损失、其他支出以及允许弥补的以前年度亏损后的余额，为应纳税所得额。

（1）收入总额是指个体工商户从事生产经营以及与生产经营有关的活动（以下简称生产经营）取得的货币形式和非货币形式的各项收入。包括：销售货物收入、

提供劳务收入、转让财产收入、利息收入、租金收入、接受捐赠收入、其他收入。

(2) 成本是指个体工商户在生产经营活动中发生的销售成本、销货成本、业务支出以及其他耗费。

(3) 费用是指个体工商户在生产经营活动中发生的销售费用、管理费用和财务费用，已经计入成本的有关费用除外。

(4) 税金是指个体工商户在生产经营活动中发生的除个人所得税和允许抵扣的增值税以外的各项税金及其附加。

(5) 损失是指个体工商户在生产经营活动中发生的固定资产和存货的盘亏、毁损、报废损失，转让财产损失，坏账损失，自然灾害等不可抗力因素造成的损失以及其他损失。

(6) 其他支出是指除成本、费用、税金、损失外，个体工商户在生产经营活动中发生的与生产经营活动有关的、合理的支出。

(7) 个体工商户纳税年度发生的亏损，准予向以后年度结转，用以后年度的生产经营所得弥补，但结转年限最长不得超过五年。

(8) 个体工商户下列支出不得扣除：个人所得税税款；税收滞纳金；罚金、罚款和被没收财物的损失；不符合扣除规定的捐赠支出；赞助支出；用于个人和家庭的支出；与取得生产经营收入无关的其他支出；国家税务总局规定不准扣除的支出。

(9) 个体工商户生产经营活动中，应当分别核算生产经营费用和个人、家庭费用。对于生产经营与个人、家庭生活混用难以分清的费用，其40%视为与生产经营有关费用，准予扣除。

(10) 个体工商户使用或者销售存货，按照规定计算的存货成本，准予在计算应纳税所得额时扣除。

(11) 个体工商户转让资产，该项资产的净值，准予在计算应纳税所得额时扣除。

2. 扣除项目及标准

(1) 个体工商户实际支付给从业人员的、合理的工资薪金支出，准予扣除。

个体工商户业主、个人独资企业和合伙企业自然人投资者个人所得税费用扣除标准，应按照其实际经营月份数，以每月 3 500 元的减除标准确定。

个体工商户业主的工资薪金支出不得税前扣除。

(2) 个体工商户按照国务院有关主管部门或者省级人民政府规定的范围和标准为其业主和从业人员缴纳的基本养老保险费、基本医疗保险费、失业保险费、生育保险费、工伤保险费和住房公积金，准予扣除。

(3) 除个体工商户依照国家有关规定为特殊工种从业人员支付的人身安全保险费和财政部、国家税务总局规定可以扣除的其他商业保险费外，个体工商户业主本人或者为从业人员支付的商业保险费，不得扣除。

(4) 个体工商户在生产经营活动中发生的合理的不需要资本化的借款费用，准予扣除。

(5) 个体工商户在生产经营活动中发生的下列利息支出，准予扣除：

①向金融企业借款的利息支出；

②向非金融企业和个人借款的利息支出，不超过按照金融企业同期同类贷款利率计算的数额的部分。

(6) 个体工商户在货币交易中，以及纳税年度终了时将人民币以外的货币性资产、负债按照期末即期人民币汇率中间价折算为人民币时产生的汇兑损失，除已经计入有关资产成本部分外，准予扣除。

(7) 个体工商户向当地工会组织拨缴的工会经费、实际发生的职工福利费支出、职工教育经费支出分别在工资薪金总额的2%、14%、2.5%的标准内据实扣除。

(8) 个体工商户发生的与生产经营活动有关的业务招待费，按照实际发生额的60%扣除，但最高不得超过当年销售（营业）收入的5‰。

业主自申请营业执照之日起至开始生产经营之日止所发生的业务招待费，按照实际发生额的60%计入个体工商户的开办费。

(9) 个体工商户每一纳税年度发生的与其生产经营活动直接相关的广告费和业务宣传费不超过当年销售（营业）收入15%的部分，可以据实扣除；超过部分，准予在以后纳税年度结转扣除。

(10) 个体工商户代其从业人员或者他人负担的税款，不得税前扣除。

(11) 个体工商户按照规定缴纳的摊位费、行政性收费、协会会费等，按实际发生数额扣除。

(12) 个体工商户根据生产经营活动的需要租入固定资产支付的租赁费，按照以下方法扣除：

①以经营租赁方式租入固定资产发生的租赁费支出，按照租赁期限均匀扣除；

②以融资租赁方式租入固定资产发生的租赁费支出，按照规定构成融资租入固定资产价值的部分应当提取折旧费用，分期扣除。

(13) 个体工商户参加财产保险，按照规定缴纳的保险费，准予扣除。

(14) 个体工商户发生的合理的劳动保护支出，准予扣除。

(15) 个体工商户自申请营业执照之日起至开始生产经营之日止所发生的符合本办法规定的费用，除为取得固定资产、无形资产的支出，以及应计入资产价值的汇兑损益、利息支出外，作为开办费，个体工商户可以选择在开始生产经营的当年一次性扣除，也可自生产经营月份起在不短于3年期限内摊销扣除，但一经选定，不得改变。

(16) 个体工商户通过公益性社会团体或者县级以上人民政府及其部门，用于《中华人民共和国公益事业捐赠法》规定的公益事业的捐赠，捐赠额不超过其应纳税所得额30%的部分可以据实扣除。

(17) 个体工商户研究开发新产品、新技术、新工艺所发生的开发费用，以及研究开发新产品、新技术而购置单台价值在10万元以下的测试仪器和试验性装置的购置费准予直接扣除；单台价值在10万元以上（含10万元）的测试仪器和试验性装置，按固定资产管理，不得在当期直接扣除。

另外，个体工商户资产的税务处理，参照企业所得税相关法律、法规和政策规定执行。

（三）个体工商户生产、经营所得应纳税额的计算

应纳税额＝应纳税所得额×适用税率－速算扣除数

（四）个体工商户生产、经营所得个人所得税的纳税申报

1. 纳税申报期限

对于账册健全的个体工商户，其生产、经营所得应纳的税款实行按年计算、分月预缴，由纳税人在每月终了后15日内办理纳税申报；分季预缴的，纳税人在每个季度终了后15日内办理纳税申报；纳税年度终了后．纳税人在3个月内进行汇算清缴，多退少补。

2. 纳税申报方式

纳税人可以采取数据电文、邮寄等方式申报，也可以直接到主管税务机关申报，或者采取符合主管税务机关规定的其他方式申报。纳税人采取邮寄方式申报的，以邮寄部门挂号信函收据作为申报凭据，以寄出的邮戳日期为实际申报日期。

纳税人也可以委托有税务代理资质的中介机构或者他人代为办理纳税申报。

3. 纳税申报地点

个体工商户向实际经营所在地主管税务机关申报。

三、个体工商户个人所得税申报流程

目前，个体工商户个人所得税采用“金税三期个人所得税扣缴系统”进行网上申报，通过进入个人所得税扣缴系统客户端进行申报。申报程序如下。

1. 申报准备

点击“生产经营申报”中的“预缴纳税申报”，进入报表填写操作，完成个体工商户、企事业单位承包承租经营者、个人独资企业投资者和合伙企业合伙人的相关信息登记。

2. 填报报表

确认“税款所属期”“企业类型”及“征收方式”准确无误后，根据征收方式选择填写个人所得税生产经营所得纳税申报表（A表)、个人所得税生产经营所得纳

税申报表（B 表）、个人所得税生产经营所得纳税申报表（C 表），按照实际情况如实录入生产经营数据。

3. 确认每项投资人纳税信息准确无误后，点击“保存”按钮

四、实训案例

（一）案例 1

1. 实训基础资料

以情景引入的资料为本实训案例。

业主姓名：刘大海，身份证号码为 331024197503264577

纳税人户名：大海灯具商店

地址：江宁省丹安市南城区明阳路 156—3 号

社会信用代码：921021107503264577

登记注册类型：个体工商户

业别：零售业

注册资本：80 万元

开始生产经营日期：2013 年 9 月 18 日

银行账号：中国工商银行南城支行，3421667712345210669

电话：0243 - 2247654

手机：13208611036

邮编：120015

电子邮箱：liudahai@163. com

2. 实训业务资料

个体工商户刘大海从事灯具销售业务，经营大海灯具商店。主管税务机关核定该公司企业所得税实行查账征收方式，按上年度应纳税所得额的 1/12 分月预缴（上年度应纳税所得额为 18 万元）。2016 年 12 月该灯具商店取得收入 11 万元，发生成本费用 8 万元，实现利润 3 万元。2016 年全年该公司的有关经营情况如下。

取得销售收入 120 万元，成本 60 万元，营业费用 10 万元，管理费用 20 万元（其中业务招待费 2 万元）。共雇有员工 4 人，人均月工资 2 500 元，刘大海本人每月领取工资 4 000 元。财务费用 2 万元，当年向某企业借入流动资金 10 万元，支付利息费用 1 万元，同期银行贷款利率为 8%。税金及附加 5 万元。8 月份公司小货车在运输途中发生车祸被损坏，损失 4 万元，次月取得保险公司赔款 2. 5 万元。通过当地民政部门向边远山区捐款 3 万元，取得民政部门的捐款凭证。

3. 实训要求

（1）根据上述相关资料，计算刘大海 2016 年应缴纳的个人所得税、年终汇算清缴应补（退）税额。

（2）填写个人所得税申报表。

实操提示：请登录“学问通”实训平台，进入“纳税实训”课程，进行相关实训操作。

（二）案例2

1. 实训基础资料

业主姓名：邓正平，身份证号码为342124197503065432

户名：金泰汽车配件销售商店

地址：北宁省永川市永乐区唐山路34号

社会信用代码：923203107803065432

登记注册类型：个体工商户

业别：零售业

注册资本：60万元

开始生产经营日期：2013年11月9日

银行账号：中国工商银行永乐支行，3421667723456377002

电话：0724－2242345

手机15223887656

邮编：110031

电子邮箱：deng88@163.com

2. 实训业务资料

个体工商户邓正平从事汽车配件销售业务，经营金泰汽车配件销售商店，2016年度税务机关根据上年纳税额核定其每月预缴个人所得税4 000元，公司12月份取得收入7万元，发生成本费用4万元。2016年度的有关经营情况如下。

取得销售收入100万元，成本55万元，营业费用8万元，管理费用15万元（其中业务招待费1万元，广告支出2万元）。共雇有员工3人，人均月工资2 000元，邓正平本人每月领取工资4 000元。财务费用2万元。税金及附加2万元。

3. 实训要求

（1）根据上述相关资料，计算邓正平2016年应缴纳的个人所得税、年终汇算清缴应补（退）税额。

（2）填写个人所得税申报表。

实操提示：请登录“学问通”实训平台，进入“纳税实训”课程，进行相关实训操作。

项目 7

土地增值税纳税实训

【实训目的】

- 了解土地增值税征税范围、纳税人、税率；
- 掌握土地增值税纳税期限、纳税义务发生时间、纳税地点；
- 掌握土地增值税应纳税额的计算；
- 熟练填写土地增值税纳税申报表并办理纳税申报相关业务。

【情景引入】

强盛房地产开发有限公司是一家主营商用写字楼开发的房地产企业。2016 年度开发竣工一栋商用写字楼，于 2016 年 12 月完成销售，共取得收入 9 000 万元，满足土地增值税清算条件。该公司应如何计算缴纳土地增值税？应如何进行土地增值税的清算并办理相关纳税申报？

一、实训要求

计算强盛房地产开发有限公司应纳的土地增值税税额，进行土地增值税的纳税申报。

二、相关税法规定

（一）土地增值税的征税范围

1. 土地增值税的基本征税范围

土地增值税是对转让国有土地使用权及其地上建筑物和附着物的行为征税，不包括国有土地使用权出让，也不包括未转让土地使用权、房产产权的行为。土地增值税的基本征税范围如下。

（1）转让国有土地使用权。

国有土地是指按国家法律规定属于国家所有的土地。

（2）地上的建筑物及其附着物连同国有土地使用权一并转让。

地上的建筑物是指建于土地上的一切建筑物，包括地上地下的各种附属设施。

附着物是指附着于土地上的不能移动或一经移动即遭损坏的物品。

（3）存量房地产的买卖。

存量房地产是指已经建成并已投入使用的房地产，其房屋所有人将房屋产权和土地使用权一并转让给其他单位和个人。

2. 具体情况规定

转让的土地，其使用权是否为国家所有；土地使用权、地上的建筑物及其附着物的产权是否发生转让；是否取得收入，是判定是否属于土地增值税征税范围的三个标准。

（1）房地产的继承、赠与。房地产的继承、赠与因其只发生房地产产权的转让，没有取得相应的收入，属于无偿转让房地产的行为，所以不能将其纳入土地增值税的征税范围。

（2）房地产的出租。房地产的出租，出租人虽取得收入，但没有发生房产产权、土地使用权的转让，因此不属于土地增值税的征税范围。

（3）房地产的抵押。由于房产、土地使用权在抵押期间并没有发生权属的变更，因此对房地产在抵押期间不征收土地增值税。待抵押期满后，视该房地产是否转移占有而确定是否征收土地增值税。对于以房地产抵债而发生房地产权属转让的，应列入土地增值税的征税范围。

（4）房地产的交换。由于交换行为既发生了房产产权、土地使用权的转移，交换双方又取得了实物形态的收入，因此属于土地增值税的征税范围。但对个人之间互换自有居住用房地产的，经当地税务机关核实，可暂免征土地增值税。

（5）房地产的投资、联营。以房地产进行投资、联营的，投资、联营的一方以土地（房地产）作价入股进行投资或作为联营条件，将房地产转让到所投资、联营的企业中时，暂免征收土地增值税。对投资、联营企业将上述房地产再转让的，应征收土地增值税。

（6）合作建房。对于一方出地，一方出资金，双方合作建房，建成后按比例分房自用的，暂免征收土地增值税；建成后转让的，应征收土地增值税。

（7）企业兼并转让房地产。在企业兼并中，对被兼并企业将房地产转让到兼并企业中的，暂免征收土地增值税。

（8）房地产的代建行为。代建行为是指房地产开发公司代客户进行房地产开发，开发完成后向客户收取代建收入的行为。房地产开发公司虽然取得了收入，但没有发生房地产权属的转移，故不属于土地增值税的征税范围。

（9）房地产评估增值。对房地产的重新评估而产生的增值，因其既没有发生房地产权属的转移，房产产权人、土地使用权人也未取得收入，所以不属于土地增值税的征税范围。

(二) 土地增值税的纳税人、税率

1. 土地增值税的纳税人

土地增值税的纳税人为转让国有土地使用权、地上建筑物及其附着物，并取得收入的单位和个人。包括机关、团体、部队、企业事业单位、个体工商业户及国内其他单位和个人，还包括外商投资企业、外国企业及外国机构、华侨、港澳台同胞及外国公民等。

2. 土地增值税的税率

土地增值税实行四级超率累进税率（见表 7－1）。

表 7－1　　土地增值税四级超率累进税率表

级数	增值额与扣除项目金额的比率	税率（%）	速算扣除系数（%）
1	不超过 50%的部分	30	0
2	超过 50%至 100%的部分	40	5
3	超过 100%至 200%的部分	50	15
4	超过 200%的部分	60	35

上述所列四级超率累进税率，每级“增值额未超过扣除项目金额”的比例，均包括本比例数。

(三) 土地增值税应纳税额的计算

1. 计税依据

土地增值税的计税依据，是纳税人转让房地产所取得的增值额。转让房地产的增值额是指纳税人转让房地产所取得的收入减除税法规定的扣除项目金额后的余额。土地增值额的大小，取决于转让房地产的收入额和扣除项目金额两个因素。

(1) 收入额的确定。

纳税人转让房地产所取得的收入是指转让房地产取得的全部价款及有关的经济收益，包括货币收入、实物收入和其他收入。

土地增值税以人民币为计算单位。转让房地产所取得的收入为外国货币的，以取得收入当天或当月 1 日国家公布的市场汇价折合成人民币，据以计算应纳土地增值税税额。

(2) 扣除项目及其金额的确定。

①取得土地使用权所支付的金额。取得土地使用权所支付的金额具体包括两方面内容：

纳税人为取得土地使用权所支付的地价款。地价款的确定有三种形式：以协议、招标、拍卖等出让方式取得土地使用权的，为纳税人所支付的土地出让金；以行政划拨方式取得土地使用权的，为按照国家有关规定补交的土地出让金；以转让方式取得土地使用权的，为向原土地使用人实际支付的地价款。

纳税人按国家统一规定交纳的有关费用，是指纳税人在取得土地使用权时按国家统一规定缴纳的有关登记、过户费等有关费用。

②房地产开发成本。房地产开发成本是指纳税人房地产开发项目实际发生的成本。包括土地征用及拆迁补偿费、前期工程费、建筑安装工程费、基础设施费、公共配套设施费、开发间接费用等。

③房地产开发费用。房地产开发费用是指与房地产开发项目有关的销售费用、管理费用和财务费用。根据现行财务制度的规定，上述三项费用作为期间费用，按照实际发生额直接计入当期损益。但在计算土地增值税时，作为扣除项目的房地产开发费用，并不是按纳税人房地产开发项目实际发生的费用进行扣除，而是按照税法规定的标准进行扣除。具体分为两种情况：

财务费用中的利息支出，凡能够按转让房地产项目计算分摊并提供金融机构证明的，允许据实扣除，但最高不能超过按商业银行同类同期贷款利率计算的金额。超过贷款期限的利息和加罚的利息均不允许扣除。其他房地产开发费用，按取得土地使用权所支付的金额和房地产开发成本之和的5%以内计算扣除。计算公式为：

$$\text{允许扣除的房地产开发费用}=\text{实际支付的利息}+(\text{取得土地使用权所支付的金额}+\text{房地产开发成本})\times 5\%(\text{以内})$$

财务费用中的利息支出，凡不能按转让房地产项目计算分摊或不能提供金融机构证明的，其房地产开发费用按取得土地使用权所支付的金额和房地产开发成本之和的10%以内计算扣除。计算公式为：

$$\text{允许扣除的房地产开发费用}=(\text{取得土地使用权所支付的金额}+\text{房地产开发成本})\times 10\%(\text{以内})$$

财政部、国家税务总局还对扣除项目金额中利息支出的计算问题作了专门的规定：一是利息的上浮幅度按国家的有关规定执行，超过上浮幅度的部分不允许扣除；二是对于超过贷款期限的利息部分和加罚的利息不允许扣除。

④与转让房地产有关的税金。与转让房地产有关的税金是指在转让房地产时缴纳的印花税、城市维护建设税、教育费附加。

房地产开发企业按照《施工、房地产开发企业财务制度》的有关规定，其缴纳的印花税列入管理费用，故不允许单独再扣除。房地产开发企业以外的其他纳税人在计算土地增值税时，允许扣除在转让房地产环节缴纳的印花税。

⑤财政部规定的其他扣除项目。从事房地产开发的纳税人，可按取得土地使用权所支付的金额和房地产开发成本之和加计20%扣除。该项规定只适用于从事房地产开发的纳税人，除此之外的其他纳税人不适用。

⑥旧房及建筑物的评估价格。旧房及建筑物的评估价格是指在转让已使用的房屋及建筑物时，由政府批准设立的房地产评估机构评定的重置成本价乘以成新度折扣率后的价格。评估价格须经当地税务机关确认。

重置成本价是指对旧房及建筑物，按转让时的建材价格及人工费用计算，建造同样面积、同样层次、同样结构、同样建设标准的新房及建筑物所需花费的成本费用。成新度折扣率是按旧房的新旧程度作一定比例的折扣。

纳税人转让旧房，应按房屋及建筑物的评估价格、取得土地使用权所支付的地价款和按国家统一规定缴纳的有关费用及在转让环节缴纳的税金作为扣除项目计征土地增值税。对取得土地使用权时未支付地价款或不能提供已支付的地价款凭据的，在计征土地增值税时不允许扣除。

纳税人转让旧房及建筑物，凡不能取得评估价格，但能提供购房发票的，经当地税务部门确认，取得土地使用权所支付的金额和旧房及建筑物的评估价格扣除项目的金额，可按发票所载金额并从购买年度起至转让年度止每年加计5%计算。对纳税人购房时缴纳的契税，凡能提供契税完税凭证的，准予作为“与转让房地产有关的税金”予以扣除，但不作为加计5%的基数。对于转让旧房及建筑物，既没有评估价格，又不能提供购房发票的，实行核定征收。

（3）计税依据的特殊规定。

纳税人有下列情形之一的，应按照房地产评估价格计算征收土地增值税。

①隐瞒、虚报房地产成交价格的。对于纳税人隐瞒、虚报房地产成交价格，应由评估机构参照同类房地产的市场交易价格进行评估。税务机关根据评估价格确定转让房地产的收入。

②提供扣除项目金额不实的。对于纳税人提供扣除项目金额不实的，应由评估机构按照房屋重置成本价乘以成新度折扣率计算的房屋成本价和取得土地使用权时的基准地价进行评估。税务机关根据评估价格确定扣除项目金额。

③转让房地产的成交价格低于房地产评估价格，又无正当理由的。转让房地产的成交价格低于房地产评估价格，又无正当理由的，由税务机关参照房地产评估价格确定转让房地产的收入。

2. 应纳税额的计算

土地增值税以纳税人转让房地产所取得的增值额为计税依据，按照超率累进税率计算应纳税额，其计算公式为：

应纳税额＝增值额×适用税率－扣除项目金额×速算扣除系数

（四）土地增值税的纳税期限、纳税地点

1. 纳税期限

纳税人应在转让房地产合同签订后的7日内，到房地产所在地主管税务机关办理纳税申报，并向税务机关提交房屋及建筑物产权、土地使用权证书，土地转让、房产买卖合同、房地产评估报告及其他与转让房地产有关的资料。

纳税人因经常发生房地产转让而难以在每次转让后申报的，经税务机关审核同意后，可以按月或按季定期进行纳税申报，具体期限由税务机关根据情况确定。

纳税人采取预售方式销售房地产的，对在项目全部竣工结算前转让房地产取得的收入，税务机关可以预征土地增值税。具体办法由各省、自治区、直辖市地方税务局根据当地情况制定。

对于纳税人预售房地产所取得的收入，凡当地税务机关规定预征土地增值税的，纳税人应当到主管税务机关办理纳税申报，并按规定比例预交，待办理完纳税清算后，多退少补。

2. 纳税地点

土地增值税的纳税人应向房地产所在地主管税务机关办理纳税申报，并在税务机关核定的期限内缴纳土地增值税。

这里所说的“房地产所在地”，是指房地产的坐落地。纳税人转让的房地产坐落在两个或两个以上地区的，应按房地产所在地分别申报纳税。

在实际工作中，纳税地点的确定又可分为以下两种情况。

（1）纳税人是法人的。当转让的房地产坐落地与其机构所在地或经营所在地一致时，则在办理税务登记的原管辖税务机关申报纳税即可；如果转让的房地产坐落地与其机构所在地或经营所在地不一致时，则应在房地产坐落地所管辖的税务机关申报纳税。

（2）纳税人是自然人的。当转让的房地产坐落地与其居住所在地一致时，则在住所所在地税务机关申报纳税；当转让的房地产坐落地与其居住所在地不一致时，在办理过户手续所在地的税务机关申报纳税。

（五）房地产开发企业土地增值税的清算

1. 土地增值税的清算单位

土地增值税以国家有关部门审批的房地产开发项目为单位进行清算，对于分期开发的项目，以分期项目为单位清算。开发项目中同时包含普通住宅和非普通住宅的，应分别计算增值额。

2. 土地增值税的清算条件

（1）符合下列情形之一的，纳税人应进行土地增值税的清算。

①房地产开发项目全部竣工、完成销售的；

②整体转让未竣工决算房地产开发项目的；

③直接转让土地使用权的。

（2）符合下列情形之一的，主管税务机关可要求纳税人进行土地增值税清算。

①已竣工验收的房地产开发项目，已转让的房地产建筑面积占整个项目可售建筑面积的比例在85%以上，或该比例虽未超过85%，但剩余的可售建筑面积已经出租或自用的；

②取得销售（预售）许可证满三年仍未销售完毕的；

③纳税人申请注销税务登记但未办理土地增值税清算手续的；

④省（自治区、直辖市、计划单列市）税务机关规定的其他情况。

应进行土地增值税清算的项目，纳税人应当在满足条件之日起 90 日内到主管税务机关办理清算手续。税务机关可要求纳税人进行土地增值税清算的项目，由主管税务机关确定是否进行清算；对于确定需要进行清算的项目，由主管税务机关下达清算通知，纳税人应当在收到清算通知之日起 90 日内办理清算手续。

应进行土地增值税清算的纳税人或经主管税务机关确定需要进行清算的纳税人，在上述规定的期限内拒不清算或不提供清算资料的，主管税务机关可依据《中华人民共和国税收征收管理法》有关规定处理。

3. 土地增值税清算应报送的资料

（1）房地产开发企业清算土地增值税书面申请；

（2）土地增值税纳税申报表；

（3）项目竣工决算报表、取得土地使用权所支付的地价款凭证、国有土地使用权出让合同、银行贷款利息结算通知单、项目工程合同结算单、商品房购销合同统计表等与转让房地产的收入、成本和费用有关的证明资料；

（4）主管税务机关要求报送的其他与土地增值税清算有关的证明资料等。

纳税人委托税务中介机构审核鉴证的清算项目，还应报送中介机构出具的土地增值税清算税款鉴证报告。

4. 土地增值税的核定征收

房地产开发企业有下列情形之一的，税务机关可以参照与其开发规模和收入水平相近的当地企业的土地增值税税负情况，按不低于预征率的征收率核定征收土地增值税。

（1）依照法律、行政法规的规定应当设置但未设置账簿的；

（2）擅自销毁账簿或者拒不提供纳税资料的；

（3）虽设置账簿，但账目混乱或者成本资料、收入凭证、费用凭证残缺不全，难以确定转让收入或扣除项目金额的；

（4）符合土地增值税清算条件，未按照规定的期限办理清算手续，经税务机关责令限期清算，逾期仍不清算的；

（5）申报的计税依据明显偏低，又无正当理由的。

三、土地增值税的纳税申报

1. 申报方式

土地增值税是纳税人每次转让后申报或定期进行申报，采取定期申报的，一年之内不得变更。具体申报方式采用网上申报的电子申报方式。

2. 纳税申报需要报送的资料

土地增值税根据情况不同，需要填写不同的纳税申报表，具体包括如下报表。

（1）土地增值税项目登记表（从事房地产开发的纳税人适用）。

（2）土地增值税纳税申报表，具体包括以下纳税申报表：

土地增值税纳税申报表（一）（从事房地产开发的纳税人预征适用）；

土地增值税纳税申报表（二）（从事房地产开发的纳税人清算适用）；

土地增值税纳税申报表（三）（非从事房地产开发的纳税人适用）；

土地增值税纳税申报表（四）（从事房地产开发的纳税人清算后尾盘销售适用）；

土地增值税纳税申报表（五）（从事房地产开发的纳税人清算方式为核定征收适用）；

土地增值税纳税申报表（六）（纳税人整体转让在建工程适用）；

土地增值税纳税申报表（七）（非从事房地产开发的纳税人核定征收适用）。

四、实训案例

（一）案例1

1. 实训基础资料

以情景引入的资料为本实训案例。

企业名称：强盛房地产开发有限公司

社会信用代码：91490200AOPQADN561

注册地址及电话：大阳市铁西区滨海路100号，0377－3789550

法定代表人：王亚军，身份证号码为210402197007120028

企业类型：有限责任公司

经营范围：房地产开发与销售

开户银行及账号：中国农业银行铁西支行，806688342144220022 7

财务负责人：张向南

办税人员：杨依依

2. 实训业务资料

强盛房地产开发有限公司为增值税一般纳税人，2016年1月在大阳市和平区中街建造华府大厦（商用写字楼）。2016年12月大厦建造完毕并全部销售，因项目于2016年1月开发，为房地产老项目，该公司选择简易计税方法，按照5%的征收率计算缴纳增值税，取得不含税收入9 000万元，分别按照税法的规定缴纳了增值税、城建税、教育费附加和印花税。

该房地产项目有关支出如下：取得土地使用权时支付的地价款及相关税费1 900万元；房地产开发成本2 900万元，其中土地征用及拆迁补偿费340万元，前期工程费230万元，建筑安装工程费1 700万元，基础设施费160万元，公共配套设施费280万元，开发间接费用190万元；房地产开发费用200万元，其中借款利息支出 260 万元（能够按转让房地产项目计算分摊利息支出并提供金融机构证明）。该公司所在地政府确定的费用扣除比例为 5%。已知城建税率为 7%、教育费附加为 3%。计算该公司当期应缴纳的土地增值税税额，做出与土地增值税有关的账务处理，并填制土地增值税纳税申报表。

3. 实训要求

（1）计算该房地产项目应纳土地增值税。

（2）填写土地增值税纳税申报表（二）（从事房地产开发的纳税人清算适用），并进行纳税申报表。

实操提示：请登录“学问通”实训平台，进入“纳税实训”课程，进行相关实训操作。具体点击“模拟报税”按钮，模拟操作“地税电子办税服务厅”业务流程，完成土地增值税（从事房地产开发的纳税人清算适用）的纳税申报业务。

（二）案例 2

1. 实训基础资料

企业名称：光润电器有限公司

社会信用代码：9144060089QNAAOBC1

注册地址及电话：东阳市浑南新区三纬路 119 号，0379－6785219

法定代表人：丁洪涛，身份证号码为 210196012232208432

企业类型：有限责任公司

经营范围：电热油汀、电暖器、取暖器及暖风机等系列产品的生产及销售

开户银行及账号：中国工商银行三纬路支行，8062210537922089226

财务负责人：洪丹辉

办税人员：张文欣

2. 实训业务资料

光润电器有限公司将自用的 1 栋办公楼转让（该楼已经使用 4 年，八成新），取得转让收入 5 000 万元，并按税法规定缴纳了与转让房地产有关的各项税费。该办公楼建造时的造价为 2 200 万元，经房地产评估机构评定的重置成本为 4 500 万元，支付地价款及相关费用 200 万元，能提供单独支付地价款的凭据。

3. 实训要求

（1）计算光润电器有限公司应缴纳的土地增值税税额。

（2）填写土地增值税纳税申报表（三）（非从事房地产开发的纳税人适用），并办理土地增值税纳税申报。

实操提示：请登录“学问通”实训平台，进入“纳税实训”课程，进行相关实训操作。具体点击“模拟报税”按钮，模拟操作“地税电子办税服务厅”业务流程，完成土地增值税（非从事房地产开发的纳税人适用）的纳税申报业务。

项目 8

地税申报各税种纳税实训

【实训目的】

- 掌握房产税应纳税额的计算，填写纳税申报表并办理纳税申报相关业务；
- 掌握城镇土地使用税应纳税额的计算，填写纳税申报表并办理纳税申报相关业务；
- 掌握印花税应纳税额的计算，填写纳税申报表并办理纳税申报相关业务；
- 掌握城市维护建设税与教育费附加应纳税费的计算，填写纳税申报表并办理纳税申报相关业务。

任务 8.1　房产税的纳税申报

【情景引入】

恒泰机床厂 2017 年年初拥有厂房、仓库和办公楼各一处。从 2017 年 3 月 1 日起，该厂将仓库对外出租；3 月 5 日，新建办公楼完工并投入使用；5 月 31 日该厂将原办公楼出售，并已办好房屋权属转移手续。已知当地政府规定的计算房产余值的扣除比例为 30%。当地政府规定，房产税分一年两次缴纳。该厂在 2017 年上半年应如何计算应纳房产税？应如何进行房产税纳税申报？

一、实训要求

计算恒泰机床厂 2017 年上半年应纳多少房产税，填写房产税纳税申报表，完成房产税纳税申报工作。

二、相关税法规定

（一）房产税的征税对象和范围、纳税人、税率

1. 房产税的征税对象是房产

所谓“房产”，是以房屋形态表现的财产。房屋是指有屋面和围护结构（有墙或

两边有柱)，能够遮风避雨，可供人们在其中生产、学习、工作、娱乐、居住或储藏物资的场所。独立于房屋之外的建筑物，如水塔、围墙、室外游泳池、石灰窑等不属于房屋，不征收房产税。

房地产开发企业建造的商品房，在出售前，不征收房产税；但对出售前房地产开发企业已使用或出租、出借的商品房应按规定征收房产税。

2. 房产税的征税范围

房产税的征税范围为城市、县城、建制镇和工矿区。具体规定如下。

(1) 城市是指国务院批准设立的市；

(2) 县城是指县人民政府所在地的地区；

(3) 建制镇是指经省、自治区、直辖市人民政府批准设立的建制镇；

(4) 工矿区是指工商业比较发达、人口比较集中、符合国务院规定的建制镇标准但尚未设立建制镇的大中型工矿企业所在地，开征房产税的工矿区须经省、自治区、直辖市人民政府批准。

3. 房产税的纳税人

房产税以在征税范围内的房屋产权所有人为纳税人。

(1) 产权属国家所有的，由经营管理单位纳税；产权属集体和个人所有的，由集体单位和个人纳税。

(2) 产权出典的，由承典人依照房产余值缴纳房产税。

(3) 产权所有人、承典人不在房屋所在地的，由房产代管人或者使用人纳税。

(4) 产权未确定及租典纠纷未解决的，由房产代管人或者使用人纳税。

(5) 无租使用其他单位房产的应税单位和个人，应由使用人依照房产余值代为缴纳房产税。

(6) 对出租房产，租赁双方签订的租赁合同约定有免收租金期限的，免收租金期限由产权所有人按照房产原值缴纳房产税。

4. 房产税的税率

我国现行房产税采用比例税率。根据计税依据的不同分为两种形式。

(1) 以房产的余值为计税依据的，税率为 1.2%。

房产余值是指从房产的原值中一次减除 10%～30%后的余值。

(2) 以房产的租金收入为计税依据的，税率为 12%。

对个人出租住房，不区分用途，按 4%的税率征收房产税；对企事业单位、社会团体以及其他组织按市场价格向个人出租用于居住的住房，减按 4%的税率征收房产税。

(二) 房产税应纳税额的计算

1. 计税依据

房产税的计税依据是房产的余值或房产的租金收入。按照房产的余值征税的，称为从价计征；按照房产的租金收入征税的，称为从租计征。

（1）从价计征。

纳税人自用的房产，采用从价计征的方式，以房产余值为计税依据。

房产余值按照房产原值一次减除10%～30%后的余值计算缴纳。具体减除幅度，由省、自治区、直辖市人民政府规定。

房产原值是指纳税人按有关会计制度的规定，在账簿“固定资产”科目中记载的房屋原价。对依照房产原值计税的房产，不论是否记载在会计账簿固定资产科目中，均应按照房屋原价计算缴纳房产税。房屋原价应根据国家有关会计制度规定进行核算。对纳税人未按国家会计制度规定核算并记载的，应按规定予以调整或重新评估。相关具体规定如下。

①按照房产余值计税的房产，无论会计上如何核算，房产原值均应包含地价，包括为取得土地使用权支付的价款、开发土地发生的成本费用等。宗地容积率低于0.5的，按房产建筑面积的2倍计算土地面积并据此确定计入房产原值的地价。

②房产原值包括与房屋不可分割的各种附属设备或一般不单独计算价值的配套设施。主要有：暖气、卫生、照明、通风、煤气等设备；各种管线，如蒸汽、压缩空气、石油、给水排水等管道及电力、电讯、电缆导线；电梯、升降机；过道、晒台等。

凡以房屋为载体，不可随意移动的附属设备和配套设施，如给排水、采暖、消防、中央空调、电气及智能化楼宇设备等，无论在会计核算中是否单独记账与核算，都应计入房产原值，计征房产税。对于更换房屋附属设备和配套设施的，在将其价值计入房产原值时，可扣减原来相应设备和设施的价值；对附属设备和配套设施中易损坏、需要经常更换的零配件，更新后不再计入房产原值。

③纳税人对原有房屋进行改建、扩建的，要相应增加房屋的原值。

（2）从租计征。

纳税人出租的房产，以房产租金收入为计税依据。计征房产税的租金收入不含增值税。

房产租金收入是指房屋产权所有人出租房产使用权所得的报酬，包括货币收入和实物收入。对以劳务或者其他形式为报酬抵付房租收入的，应根据当地同类房产的租金水平，确定一个标准租金额从租计征。

2. 计税依据的特殊规定

（1）对投资联营的房产，在计征房产税时应予以区别对待。对于以房产投资联营，投资者参与投资利润分红、共担风险的，按房产余值作为计税依据计算缴纳房产税；对以房产投资收取固定收入、不承担联营风险的，实际上是以联营名义取得房产租金，应由出租方按租金收入计算缴纳房产税。

（2）融资租赁的房产，由承租人自融资租赁合同约定开始日的次月起依照房产余值缴纳房产税。合同未约定开始日的，由承租人自合同签订的次月起依照房产余值缴纳房产税。对于融资租赁的房屋，由于租赁费包括购进房屋的价款、手续费、借款利息等，与一般房屋出租的“租金”内涵不同，且租赁期满后，当承租方偿还最后一笔租赁费时，房屋产权一般都转移到承租方，这实际是一种变相的分期付款购买固定资产的形式，所以在计征房产税时应以房产余值计算征收。

（3）对居民住宅区内业主共有的经营性房产，由实际经营（包括自营和出租）的代管人或使用人缴纳房产税。其中自营的，依照房产原值减除 10%～30%后的余值计征，没有房产原值或不能将业主共有房产与其他房产的原值准确划分开的，由房产所在地地方税务机关参照同类房产核定房产原值；出租的，依照租金收入计征。

（4）具备房屋功能的地下建筑的房产税政策。

凡在房产税征收范围内的具备房屋功能的地下建筑，包括与地上房屋相连的地下建筑以及完全建在地面以下的建筑、地下人防设施等，均应当依照有关规定征收房产税。具备房屋功能的地下建筑是指有屋面和维护结构，能够遮风避雨，可供人们在其中生产、经营、工作、学习、娱乐、居住或储藏物资的场所。

①自用的地下建筑，按房产余值计税。其中：工业用途房产，以房屋原价的50%～60%作为应税房产原值；商业和其他用途房产，以房屋原价的 70%～80%作为应税房产原值；对于与地上房屋相连的地下建筑，如房屋的地下室、地下停车场、商场的地下部分等，应将地下部分与地上房屋视为一个整体按照地上房屋建筑的有关规定计算征收房产税。房屋原价折算为应税房产原值的具体比例，由各省、自治区、直辖市和计划单列市财政和地方税务部门在上述幅度内自行确定。

②出租的地下建筑，按照出租地上房屋建筑的有关规定计算征收房产税。

3. 应纳税额的计算

（1）从价计征应纳税额的计算。

应纳税额＝应税房产原值×(1－扣除比例)×1.2%

（2）从租计征应纳税额的计算。

应纳税额＝租金收入×12%

（三）房产税纳税义务发生时间

1. 纳税人将原有房产用于生产经营，从生产经营之月起缴纳房产税。

2. 纳税人自行新建房屋用于生产经营，从建成之次月起缴纳房产税。

3. 纳税人委托施工企业建设的房屋，从办理验收手续之次月起缴纳房产税。

4. 纳税人购置新建商品房，自房屋交付使用之次月起缴纳房产税。

5. 纳税人购置存量房，自办理房屋权属转移、变更登记手续，房地产权属登记机关签发房屋权属证书之次月起，缴纳房产税。

6. 纳税人出租、出借房产，自交付出租、出借房产之次月起，缴纳房产税。

7. 房地产开发企业自用、出租、出借本企业建造的商品房，自房屋使用或交付之次月起，缴纳房产税。

8. 自2009年1月1日起，纳税人因房产的实物或权利状态发生变化而依法终止房产税纳税义务的，其应纳税款的计算应截止到房产的实物或权利状态发生变化的当月末。

(四) 纳税期限

房产税实行按年计算、分期缴纳的征收方法，具体纳税期限由省、自治区、直辖市人民政府确定。

(五) 纳税地点

房产税在房产所在地缴纳。房产不在同一地方的纳税人，应按房产的坐落地点分别向房产所在地的税务机关纳税。

三、房产税的申报流程

房产税的纳税申报采用“金税三期网上申报系统”进行，具体包括以下内容。

1. 房产税税源信息采集

房产税申报前需要先进行房产税税源信息采集操作，采集房屋信息。

(1) 进入“税源登记”菜单进行操作，点击“房产税源管理”，进入界面。

(2) 点击“房产税源登记”，进入新增税源登记。单击“新增房屋”，进入房屋信息采集，录入房屋信息后保存。

(3) 保存成功后选择“关闭”，回到房产税税源信息采集界面。

(4) 若存在减免税事项，应录入“减免项目名称”等，点击“确认将本条减免记录添加到表中”。

2. 房产税税源修改和变更

(1) 点击“房产税源修改和变更”。

(2) 进入“房产税税源修改与变更”，录入查询条件，点击“查询”。

(3) 点击记录后面的“基本信息”或“应税明细”按钮，分别对该税源的基础信息或税源信息进行修改。

①变更基础信息，直接进行修改后，点击“保存”按钮。

②变更税源信息，点击“变更”后，录入修改字段和“变更时间”后，点击“保存”按钮。

(4) 点击记录后面的“税源终止”按钮，录入“房屋转出时间”，点击“义务终止确认”按钮，完成纳税义务终止确认。

3. 房产税申报

(1) 进入“电子申报”菜单进行操作，点击“房产税申报”。

（2）录入“税款所属期起”和“税款所属期止”，点击“下一步”。

（3）进入“房产税纳税申报表”，申报数据核实无误后，先后点击“确认申报”“提交申报表”，完成纳税申报。

是否调用征收开票功能，操作员根据实际情况选择。

4. 注意事项

（1）首次使用申报时需要进行“房产税税源信息采集”，生成房产编号，下次申报时会自动带出。

（2）房屋应税信息（从租）要在房屋应税信息（从价）录入之后才能采集。

四、实训案例

（一）案例 1

1. 实训相关资料

以情景引入的资料为本实训案例。

企业名称：恒泰机床厂

社会信用代码：914105005611209３QN

注册地址及电话：广宁省安阳市开发区阜新路 129 号，0372－6823052

法定代表人：张成东

开户银行及账号：中国工商银行开发支行，6222020015892209116

财务负责人：李丽玲

办税人员：周彬

2. 实训业务资料

恒泰机床厂 2017 年年初拥有厂房原值 2 400 万元，仓库原值 1 200 万元，办公楼原值 400 万元。从 2017 年 3 月 1 日起，该厂将仓库对外出租，租期 5 年，合同约定每年租金 96 万元（不含税），已于 2 月 28 日收到 3—8 月份的半年租金 48 万元；3 月 5 日，委托施工企业新建办公楼完工，当月办妥验收手续并投入使用，该新建办公楼入账金额为 1 500 万元；5 月 31 日该厂将原办公楼出售，并已办好房屋权属转移手续。

3. 实训要求

（1）计算恒泰机床厂 2017 年上半年应纳房产税。

（2）填写房产税纳税申报表，并进行纳税申报表。

实操提示：请登录“学问通”实训平台，进入“纳税实训”课程，进行相关实训操作。具体点击“模拟报税”按钮，模拟操作“地税电子办税服务厅”业务流程，完成房产税的纳税申报业务。

（二）案例 2

1. 实训基础资料

企业名称：科逸砂轮制造有限公司

社会信用代码：91470100529832ACOQ

注册地址及电话：东阳市大东区胜利路 56 号，0359－6166768

法定代表人：洪宇博，身份证号码为 210404196901256048

企业类型：有限责任公司

经营范围：砂轮的生产、销售

开户银行及账号：中国建设银行大东支行，450212054238809O142

财务负责人：舒萧萧

办税人员：葛晓晶

2. 实训业务资料

科逸砂轮制造有限公司 2017 年年初自有房屋 5 栋，房产原值为 3 600 万元。其中 3 栋房屋用于生产经营；1 栋房产原值 300 万元的房屋用于公司开办幼儿园；1 栋房产原值 500 万元的办公用房用于对外出租，年租金收入为 60 万元（不含税）。科逸砂轮制造有限公司 2017 年 2 月购入一门市房价值 900 万元，设立销售部用于产品销售。当地政府规定房产税分一年两次缴纳，房产原值的扣除比例为 30％。

3. 实训要求

（1）计算科逸砂轮制造有限公司 2017 年上半年应缴纳的房产税。

（2）填写房产税纳税申报表并办理房产税纳税申报。

实操提示： 请登录“学问通”实训平台，进入“纳税实训”课程，进行相关实训操作。具体点击“模拟报税”按钮，模拟操作“地税电子办税服务厅”业务流程，完成房产税的纳税申报业务。

任务 8.2　城镇土地使用税的纳税申报

【情景引入】

幸福食品有限公司位于市区，企业土地使用证上载明，该公司占用土地 25 000 平方米。另有一仓库位于市郊，土地使用证上注明的面积为 1 500 平方米。该公司应如何计算缴纳城镇土地使用税？如何进行城镇土地使用税的纳税申报？

一、实训要求

计算幸福食品有限公司应纳的城镇土地使用税税额，进行城镇土地使用税的纳税申报。

二、相关税法规定

(一) 城镇土地使用税的征税范围、纳税人、税率

1. 征税范围

城镇土地使用税的征税范围，包括在城市、县城、建制镇和工矿区内的国家所有和集体所有的土地。

(1) 城市是指经国务院批准设立的市，其征税范围包括市区和郊区的土地。

(2) 县城是指县人民政府所在地，其征税范围为县人民政府所在地的城镇的土地。

(3) 建制镇是指经省、自治区、直辖市人民政府批准设立的建制镇，其征税范围为镇人民政府所在地的土地。

(4) 工矿区是指工商业比较发达，人口比较集中，符合国务院规定的建制镇标准，但尚未设立建制镇的大中型工矿企业所在地。工矿区的设立必须经省、自治区、直辖市人民政府批准。

建立在城市、县城、建制镇和工矿区以外的工矿企业，不需要缴纳城镇土地使用税。

2. 纳税人

城镇土地使用税的纳税人是指在城市、县城、建制镇、工矿区范围内使用土地的单位和个人。城镇土地使用税的纳税人通常包括以下几类。

(1) 拥有土地使用权的单位和个人。

(2) 拥有土地使用权的纳税人不在土地所在地的，其土地的实际使用人和代管人为纳税人。

(3) 土地使用权未确定或权属纠纷未解决的，其实际使用人为纳税人。

(4) 土地使用权共有的，共有各方都是纳税人，由共有各方分别纳税。

土地使用权共有的，以共有各方实际使用的土地面积占总面积的比例，分别计算缴纳城镇土地使用税。

3. 税率

城镇土地使用税采用定额税率，即采用有幅度的差别税额。按大、中、小城市和县城、建制镇和工矿区规定不同的单位幅度税额。城镇土地使用税每平方米年税额标准具体规定如下。

(1) 大城市：1.5～30元；

(2) 中等城市：1.2～24元；

(3) 小城市：0.9～18元；

(4) 县城、建制镇、工矿区：0.6～12 元。

上述大、中、小城市以公安部门登记在册的非农业正式户口人数为依据，按照国务院颁布的《城市规划条例》中规定的标准划分。

经省、自治区、直辖市人民政府批准，经济落后地区土地使用税的适用税额标准可以适当降低，但降低额不得超过上述规定最低税额的 30%。经济发达地区土地使用税的适用税额标准可以适当提高，但须报经财政部批准。

(二) 城镇土地使用税的计算

1. 计税依据

城镇土地使用税的计税依据是纳税人实际占用的土地面积。纳税人实际占用的土地面积具体规定如下。

(1) 凡有省、自治区、直辖市人民政府确定的单位组织测定土地面积的，以测定的面积为准。

(2) 尚未组织测量的，但纳税人持有政府部门核发的土地使用证书的，以证书确认的土地面积为准。

(3) 尚未核发土地使用证书的，应由纳税人据实申报土地面积，据以纳税，待核发土地使用证书后再作调整。

(4) 对在城镇土地使用税征税范围内单独建造的地下建筑用地，按规定征收城镇土地使用税。其中，已取得地下土地使用权证的，按土地使用权证确认的土地面积计算应征税款；未取得地下土地使用权证或地下土地使用权证上未标明土地面积的，按地下建筑垂直投影面积计算应征税款。对上述地下建筑用地暂按应征税款的 50%征收城镇土地使用税。

2. 应纳税额的计算

城镇土地使用税的应纳税额是以纳税人实际占用的土地面积乘以适用的单位税额计算征收。其计算公式为

年应纳税额=实际占用土地面积(平方米)×适用税额

(三) 城镇土地使用税纳税义务的发生时间

(1) 纳税人购置新建商品房，自房屋交付使用之次月起缴纳城镇土地使用税。

(2) 纳税人购置存量房，自办理房屋权属转移、变更登记手续，房地产权属登记机关签发房屋权属证书之次月起缴纳城镇土地使用税。

(3) 纳税人出租、出借房产，自交付出租、出借房产之次月起缴纳城镇土地使用税。

(4) 以出让或转让方式有偿取得土地使用权的，应由受让方从合同约定交付土地时间的次月起缴纳城镇土地使用税；合同未约定交付土地时间的，由受让方从合同签订的次月起缴纳城镇土地使用税。

（5）纳税人新征用的耕地，自批准征用之日起满 1 年时开始缴纳城镇土地使用税。

（6）纳税人新征用的非耕地，自批准征用次月起缴纳城镇土地使用税。

（四）城镇土地使用税的纳税期限

城镇土地使用税实行按年计算、分期缴纳的征收方法。具体纳税期限由省、自治区、直辖市人民政府确定。各省、自治区、直辖市税务机关结合当地实际情况，一般分别确定按月、季或半年等不同的纳税期限。

（五）城镇土地使用税的纳税地点

城镇土地使用税的纳税地点为土地所在地，由土地所在地的税务机关负责征收。土地管理机关应当向土地所在地的税务机关提供土地使用权属资料。

纳税人使用的土地不属于同一省、自治区、直辖市管辖范围的，由纳税人分别向土地所在地的税务机关申报缴纳；在同一省、自治区、直辖市管辖范围内，纳税人跨地区使用的土地，其纳税地点由省、自治区、直辖市地方税务机关确定。

三、城镇土地使用税的申报流程

城镇土地使用税的纳税申报采用“金税三期网上申报系统”进行，具体包括以下内容。

1. 土地使用税税源登记

（1）进入“税源登记”菜单进行操作，点击“土地税源管理”。

（2）点击“土地使用税税源登记”，进入新增税源登记。

（3）若存在减免税事项，应录入“减免项目名称”等，点击“确认将本条减免记录添加到表中”。

（4）录入相应信息后，点击“保存”。

2. 土地使用税税源修改和变更

（1）点击“土地使用税源修改和变更”。

（2）进入“土地使用税税源修改与变更”，录入查询条件，点击“查询”。

（3）点击记录后面的“基本信息”或“应税明细”按钮，分别对该税源的基础信息或税源信息进行修改。

①变更基础信息，直接进行修改后，点击“保存”按钮。

②变更税源信息，点击“变更”后，录入修改字段和“变更时间”后，点击“保存”按钮。

（4）点击记录后面的“税源终止”按钮，录入“土地转出时间”，点击“义务终止确认”按钮，完成纳税义务终止确认。

3. 土地使用税申报

(1) 进入“电子申报”菜单进行操作，点击“土地使用税申报”。

(2) 录入“税款所属期起”和“税款所属期止”，点击“下一步”。

(3) 进入“城镇土地使用税纳税申报”，申报数据核实无误后，点击“提交申报表”，完成纳税申报。

四、实训案例

(一) 案例1

1. 实训基础资料

以情景引入的资料为本实训案例。

企业名称：幸福食品有限公司

社会信用代码：91410500631128943N

注册地址及电话：广宁省安阳市开发区玉溪路221号，0372－6877120

法定代表人：陈东

开户银行及账号：中国工商银行开发支行，6222020015239802366

财务负责人：吴鸣与

办税人员：张金凤

2. 实训业务资料

幸福食品有限公司位于市区，企业土地使用证上载明，该公司占用土地25 000平方米，根据当地政府规定，位于市区的土地其城镇土地使用税单位税额为每平方米15元；另有一仓库位于市郊，土地使用证上注明的面积为1 500平方米，其城镇土地使用税单位税额为每平方米6元。

3. 实训要求

(1) 计算幸福食品有限公司2017年应纳城镇土地使用税。

(2) 填写城镇土地使用税纳税申报表，并进行纳税申报。

实操提示：请登录“学问通”实训平台，进入“纳税实训”课程，进行相关实训操作。具体点击“模拟报税”按钮，模拟操作“地税电子办税服务厅”业务流程，完成城镇土地使用税的纳税申报业务。

(二) 案例2

1. 实训基础资料

企业名称：茂荣商贸有限公司

社会信用代码：914701008933571ANO

注册地址及电话：东阳市大东区江城大街19号，0359－3132211

法定代表人：林义辉，身份证号码为 210120167207219910

企业类型：有限责任公司

经营范围：商品的批发零售

开户银行及账号：中国农业银行大东支行，342166771056808922З

财务负责人：吴磊

办税人员：邓莉明

2. 实训业务资料

茂荣商贸有限公司坐落在该市的繁华一级地段，土地使用证上载明，该公司占地面积为 6 000 平方米；另有一仓库位于市郊二级地段，土地使用证上注明的面积为 2 000 平方米。当地政府规定，市区的单位税额为每平方米 12 元，市郊的单位税额为每平方米 4 元。

3. 实训要求

（1）计算茂荣商贸有限公司当年应缴纳的城镇土地使用税税额。

（2）填写城镇土地使用税纳税申报表并办理城镇土地使用税纳税申报。

实操提示：请登录“学问通”实训平台，进入“纳税实训”课程，进行相关实训操作。具体点击“模拟报税”按钮，模拟操作“地税电子办税服务厅”业务流程，完成城镇土地使用税的纳税申报业务。

任务 8.3　印花税的纳税申报

【情景引入】

振通建筑安装有限责任公司于 2017 年 1 月成立，领受房产证、工商营业执照、建筑业企业资质证书各 1 件。开业当月与银行签订 1 年期借款合同 1 份，与多个单位签订合同。该公司应如何计算缴纳印花税？如何进行印花税的纳税申报？

一、实训要求

计算振通建筑安装有限责任公司应纳的印花税税额，进行印花税的纳税申报。

二、相关税法规定

（一）印花税的征税范围、纳税人、税目、税率

1. 印花税的征税范围

印花税的征税范围采取列举法，即只对《印花税暂行条例》列举的凭证征收，

没有列举的凭证不征税。

（1）合同或具有合同性质的凭证。

合同是指根据合同法和其他有关法规订立的合同。具体包括购销合同、加工承揽合同、建设工程勘察设计合同、建筑安装工程承包合同、财产租赁合同、货物运输合同、仓储保管合同、借款合同、财产保险合同、技术合同。具有合同性质的凭证是指具有合同效力的协议、契约、合约、单据、确认书及其他各种名称的凭证。

①购销合同包括供应、预购、采购、购销结合及协作、调剂、补偿、易货等合同；还包括各出版单位与发行单位（不包括订阅单位和个人）之间订立的图书、报刊、音像征订凭证。

对发电厂与电网之间、电网与电网之间（国家电网公司系统、南方电网公司系统内部各级电网互供电量除外）签订的购售电合同，按购销合同征收印花税。电网与用户之间签订的供用电合同不属于印花税列举征税的凭证，不征收印花税。

②加工承揽合同包括加工、定作、修缮、修理、印刷广告、测绘、测试等合同。

③建设工程勘察设计合同包括勘察、设计合同的总包合同、分包合同和转包合同。

④建筑安装工程承包合同包括建筑、安装工程承包合同的总包合同、分包合同和转包合同。

⑤财产租赁合同包括租赁房屋、船舶、飞机、机动车辆、机械、器具、设备等合同；还包括企业、个人出租门店、柜台等所签订的合同，但不包括企业与主管部门签订的租赁承包合同。

⑥货物运输合同包括民用航空运输、铁路运输、海上运输、内河运输、公路运输和联运合同。

⑦仓储保管合同包括仓储、保管合同或作为合同使用的仓单、栈单（或称入库单）。对某些使用不规范的凭证不便计税的，可就其结算单据作为计税贴花的凭证。

⑧借款合同包括银行及其他金融组织和借款人（不包括银行同业拆借）所签订的借款合同。

⑨财产保险合同包括财产、责任、保证、信用等保险合同。

⑩技术合同包括技术开发、转让、咨询、服务等合同以及作为合同使用的单据。其中：技术转让合同包括专利申请转让、非专利技术转让所书立的合同，但不包括专利权转让、专利实施许可所书立的合同。技术咨询合同是当事人就有关项目的分析、论证、评价、预测和调查订立的技术合同，而一般的法律、会计、审计等方面的咨询不属于技术咨询，其所立合同不贴花。技术服务合同的征税范围包括技术服务合同、技术培训合同和技术中介合同。

（2）产权转移书据。

产权转移书据是指单位和个人产权的买卖、继承、赠与、交换、分割等所立的书据。包括财产所有权、版权、商标专用权、专利权、专有技术使用权等转移时所书立的转移书据。

另外，土地使用权出让合同、土地使用权转让合同及商品房销售合同按产权转移书据征收印花税。

(3) 营业账簿。

营业账簿是指单位或者个人记载生产经营活动的财务会计核算账簿。营业账簿按其反映的内容不同，分为记载资金的账簿和其他账簿。记载资金的账簿是指反映生产经营单位资本金数额增减变化的账簿。其他账簿是指除上述账簿以外的有关其他生产经营活动内容的账簿，包括日记账簿和各明细分类账簿。

(4) 权利、许可证照。

权利、许可证照是指政府授予单位、个人某种法定权利和准予从事特定经济活动的各种证照的统称。包括政府部门颁发的房屋产权证、工商营业执照、商标注册证、专利证、土地使用证等。

(5) 经财政部确定征税的其他凭证。

确定应税凭证的范围时，应注意以下问题。

①合同签订时即应贴花，履行完税手续。因此无论合同是否兑现或能否按期兑现，都应当按照规定贴花。

②对货物运输、仓储保管、财产保险、银行借款等，办理一项业务既书立合同，又开立单据，只就合同贴花；凡不书立合同，只开立单据，以单据作为合同使用的，应按规定贴花。

2. 印花税的纳税人

印花税的纳税人，是在我国境内书立、领受应税凭证的单位和个人。印花税的纳税人按照书立、使用、领受应税凭证的不同，可以分别确定为以下几类。

(1) 立合同人，是指合同的当事人，即对凭证有直接权利义务关系的单位和个人，但不包括合同的担保人、证人和鉴定人。如果合同有代理人的，当事人的代理人有代理纳税的义务。

(2) 立据人，是指书立产权转移书据的单位和个人。

(3) 立账簿人，是指开立并使用营业账簿的单位和个人。

(4) 领受人，是指领取并持有权利、许可证照的单位和个人。

(5) 使用人，是指在国外书立、领受，但在国内使用的应税凭证的单位和个人。

对应税凭证，凡由两方或两方以上当事人共同书立的，其当事人各方都是印花税的纳税人，应当由各方就所持凭证的计税金额各自履行纳税义务。

3. 印花税的税目、税率

印花税的税目是印花税法明确规定的应当纳税的项目，它具体划定了印花税的征税范围，印花税共有13个税目。印花税的税率有比例税率和定额税率两种形式，印花税税目税率表见表8-1。

表8-1　　印花税税目税率表

税目	范围	税率	纳税人	说明
1. 购销合同	包括供应、预购、采购、购销结合及协作、调剂、补偿、易货等合同。	按购销金额0.3‰贴花	立合同人	
2. 加工承揽合同	包括加工、定作、修缮、修理、印刷、广告、测绘、测试等合同。	按加工或承揽收入0.5‰贴花	立合同人	
3. 建设工程勘察设计合同	包括勘察、设计合同。	按收取费用0.5‰贴花	立合同人	
4. 建筑安装工程承包合同	包括建筑、安装工程承包合同。	按承包金额0.3‰贴花	立合同人	
5. 财产租赁合同	包括租赁房屋、船舶、飞机、机动车辆、机械、器具、设备等合同。	按租赁金额1‰贴花。税额不足1元，按1元贴花	立合同人	
6. 货物运输合同	包括民用航空运输、铁路运输、海上运输、内河运输、公路运输和联运合同。	按运输费用0.5‰贴花	立合同人	单据作为合同使用的，按合同贴花。
7. 仓储保管合同	包括仓储、保管合同。	按仓储保管费用金额1‰贴花	立合同人	仓单或栈单作为合同使用的，按合同贴花。
8. 借款合同	银行及其他金融组织和借款人（不包括银行同业拆借）所签订的借款合同。	按借款金额0.05‰贴花	立合同人	单据作为合同使用的，按合同贴花。
9. 财产保险合同	包括财产、责任、保证、信用等保险合同。	按保险费收入1‰贴花	立合同人	单据作为合同使用的，按合同贴花。
10. 技术合同	包括技术开发、转让、咨询、服务等合同。	按所载金额0.3‰贴花	立合同人	
11. 产权转移书据	包括财产所有权和版权、商标专用权、专利权、专有技术使用权等转移书据。	按所载金额0.5‰贴花	立据人	

续前表

税目	范围	税率	纳税人	说明
12. 营业账簿	包括生产、经营用账册。	记载资金的账簿，按实收资本和资本公积的合计金额 0.5‰贴花，其他账簿按件贴花 5 元	立账簿人	
13. 权利、许可证照	包括政府部门发给的房屋产权证、工商营业执照、商标注册证、专利证、土地使用证。	按件贴花 5 元	领受人	

（二）印花税应纳税额的计算

1. 计税依据

印花税根据不同征税项目，分别实行从价计征和从量计征两种征收方法。实行从价计征的合同、产权转移书据和资金账簿，以应税凭证上所记载的金额为计税依据。实行从量计征的权利、许可证照和营业账簿中的其他账簿，以应税凭证的件数为计税依据。具体规定如下。

（1）购销合同的计税依据为合同记载的购销金额。商品购销活动中，采用以货换货方式进行商品交易签订的合同，是反映既购又销双重经济行为的合同。对此，应按合同所载的购、销合计金额计税贴花。合同未列明金额的，应按合同所载购、销数量依照国家牌价或市场价格计算应纳税金额。

（2）加工承揽合同的计税依据是加工或承揽收入的金额。

（3）建设工程勘察设计合同的计税依据为收取的勘察、设计费用。

（4）建筑安装工程承包合同的计税依据为承包金额。

施工单位将自己承包的建设项目分包或转包给其他施工单位，其所签订的分包或转包合同，应按新的分包或转包合同所载金额另行贴花。

（5）财产租赁合同的计税依据为租赁金额。

（6）货物运输合同的计税依据为取得的运输费用，但不包括所运输货物的金额、装卸费和保险费等。

（7）仓储保管合同的计税依据为收取的仓储保管费用。

（8）借款合同的计税依据为借款金额。

（9）财产保险合同的计税依据为合同所载保险费金额。

（10）技术合同的计税依据为合同所载的价款、报酬或使用费。

为了鼓励技术研究开发，对技术开发合同，只就合同所载的报酬金额计税贴花，不包括研究开发经费。但对合同约定按研究开发经费一定比例作为报酬的，应按一定比例的报酬金额计税贴花。

（11）产权转移书据的计税依据为书据所载的金额。

（12）营业账簿。营业账簿中记载资金的账簿，计税依据为“实收资本”和“资本公积”的两项合计金额。

营业账簿中的其他账簿，计税依据为应税凭证件数。

（13）权利、许可证照的计税依据为应税凭证件数。

2. 应纳税额的计算

（1）采用从价征收方式的应纳税额的计算。

合同、产权转移书据和营业账簿中的记载资金的账簿，适用比例税率，采用从价征收方式计算应纳税额。其计算公式为：

应纳税额＝应税凭证计税金额×比例税率

（2）采用从量征收方式的应纳税额的计算。

权利、许可证照和营业账簿中的其他账簿，适用定额税率，采用从量征收方式计算应纳税额。其计算公式为：

应纳税额＝应税凭证件数×定额税率

（3）计算应纳税额时应注意的问题。

①应税凭证以金额、收入、费用作为计税依据的，以全额计税，不得作任何扣除。

②同一凭证因载有两个或两个以上经济事项而适用不同税目税率的，如分别载有金额的，应分别计算应纳税额，相加后按合计税额贴花；如未分别记载金额的，按税率较高的计税贴花。

③按金额比例贴花的应税凭证，未标明金额的，应按照凭证所载数量及国家牌价计算金额；没有国家牌价的，按市场价格计算金额，然后按规定税率计算应纳税额。

④应税凭证所载金额为外国货币的，按凭证书立当日的国家外汇管理局公布的外汇牌价折合成人民币，计算应纳税额。

⑤已贴花的凭证，修改后所载金额增加的，其增加部分应当补贴印花税票。对已履行并贴花的合同，实际结算金额与合同所载金额不一致的，只要双方未修改合同金额，一般不再补贴印花。

⑥应纳税额不足一角的，免纳印花税；应纳税额在一角以上的，其税额尾数不满五分的不计，满五分的按一角计算贴花。

⑦在签订时无法确定计税金额的合同，如技术转让、财产租赁等合同，可先按定额5元贴花，以后结算时再按实际金额计税，补贴印花。

⑧应税合同在签订时纳税义务即已发生，不论合同是否兑现或是否按期兑现，均应计算应纳税额并贴花。

⑨对有经营收入的事业单位，凡属由国家财政拨付事业经费并实行差额预算管

理的单位，其记载经营义务的账簿，按其他账簿定额贴花，不记载经营义务的账簿不贴花；凡属经费来源实行自收自支的单位，应对记载资金的账簿和其他账簿分别计算应纳税额。

(三) 印花税的缴纳方式

1. 自行贴花

印花税通常由纳税人根据应税凭证的性质和适用税率，自行计算应纳税额，自行购买印花税票，自行一次贴足印花税票并在应纳税凭证粘贴印花税票后应即注销。纳税人有印章的，加盖印章注销；纳税人没有印章的，可用钢笔（圆珠笔）画几条横线注销。自行注销或划销之后，纳税义务才算全部履行完毕。

自行贴花方法一般适用于应税凭证较少或者贴花次数较少的纳税人。

2. 汇贴或汇缴

一份凭证应纳税额超过 500 元的，应向当地税务机关申请填写缴款书或者完税证，将其中一联粘贴在凭证上或者由税务机关在凭证上加注完税标记代替贴花。

同一种类应纳税凭证需频繁贴花的，纳税人可以根据实际情况自行决定是否采用按期汇总缴纳印花税的方式。汇总缴纳的期限为 1 个月。采用按期汇总缴纳方式的纳税人应事先告知主管税务机关。缴纳方式一经选定，1 年内不得改变。

凡汇总缴纳印花税的凭证，应加注税务机关指定的汇缴戳记、编号并装订成册，将已贴印花或者缴款书的一联粘附册后，盖章注销，保存备查。

汇贴或汇缴方法一般适用于应纳税额较大或者贴花次数频繁的纳税人。

3. 委托代征

税务机关可以委托有关发放或者办理应税凭证的单位代为征收印花税款。税务机关应与代征单位签订代征委托书，并按规定支付手续费。这里所说的发放或者办理应税凭证的单位，是指发放权利、许可证照的单位和办理凭证的签证、公证及其他有关事项的单位。这类单位有监督纳税人依法纳税的义务。

纳税人不论采用哪一种纳税办法，均应妥善保存纳税凭证。凭证的保存期限，凡国家已有明确规定的，按规定办理；其余凭证均应在履行完毕后保存 1 年。

(四) 印花纳税环节

印花税应当于书立或者领受时贴花。具体是指在合同的签订时、书据的立据时、账簿的启用时和证照的领受时贴花。如果合同是在国外签订的，应在国内使用时贴花。

(五) 印花税纳税地点

印花税一般实行就地纳税。对于全国性商品物资订货会（包括展销会、交易会等）上所签订合同应纳的印花税，由纳税人回其所在地后及时办理贴花完税手续；对地方主办、不涉及省际关系的订货会、展销会上所签合同的印花税，其纳税地点由各省、自治区、直辖市人民政府自行确定。

三、印花税的申报方式及流程

“金税三期”上线后，通过网上电子申报印花税，频繁发生纳税义务的可清单管理，无须再在应税凭证上采取贴花等措施，减轻了纳税人的办税负担。

1. 纳税申报方式

印花税可在办税服务厅直接申报后取得印花税完税凭证，或者申请发售印花税票；还可以通过“金税三期”客户端网上电子申报缴纳印花税。频繁发生纳税义务的纳税人，可使用完税凭证的方式缴纳印花税，同时使用清单管理，无须再在应税凭证上贴花；偶然发生纳税义务的纳税人，仍可使用贴花的方式缴纳印花税。

无论是取得完税凭证还是印花税票，均要求填写印花税申报表，采集纳税人应税凭证信息，计税依据更加明细。

2. 印花税网上申报流程

(1) 登录“金税三期”客户端网上电子申报系统，选择“印花税申报”模块，点击“新增”。

(2) 根据应税凭证信息填报印花税纳税申报表，系统会自动按照计税金额（或件数）和税率计算应纳印花税税额。

(3) 保存申报表信息。保存申报表信息后，在每月（季）征期内与其他税种的申报表一起发送并缴款。

3. 采用“金税三期”进行印花税申报应注意的问题

(1) 印花税申报期限的变化。为减轻纳税人负担，增值税纳税人可在增值税申报期限内同时办理印花税申报纳税手续。即增值税按月申报的，印花税也按月申报；增值税按季申报的，印花税也按季申报。

非增值税纳税人在纳税义务发生时，应按规定及时办理申报纳税手续。

(2) 纳税人符合规定减免的印花税信息，应在印花税申报时一并如实填报。

(3) 凡具备网上申报条件的纳税人均可通过网上申报方式缴纳印花税。其他纳税人可到主管税务机关办税服务厅申报缴纳印花税。

(4) 若开具印花税完税凭证，则不发放印花税票；若纳税人需要贴花，则不能开具印花税完税凭证。纳税人可自行选择。但网上电子申报的纳税人只能选择开具印花税完税凭证。

(5) 印花税完税凭证根据纳税人缴款方式的不同，可分为税收缴款书（银行经收专用）、税收缴款书（税务收现专用）、税收完税证明（表格式）。其中，网上申报的纳税人可在税款入库后自行打印电子缴款凭证，也可至办税服务大厅开具税收完税证明（表格式）。

(6) 使用完税凭证方式完税的纳税人，应实行清单管理。纳税人对应税凭证进行编号并按期或按次制作清单，完整填写清单相关内容，将对应的完税凭证粘贴在清单后，保存备查。印花税纳税申报表、清单、完税凭证应相互对应。

(7) 纳税人根据应纳税凭证信息，按照凭证信息进行分类，自行计算每一类应纳税凭证汇总计税金额，填列申报表对应表格。印花税电子申报每个征期内只能汇总申报一次，无法按次申报。

四、实训案例

(一) 案例 1

1. 实训基础资料

以情景引入的资料为本实训案例。

企业名称：振通建筑安装有限责任公司

社会信用代码：91410500ADPNTWQA09

注册地址及电话：广宁省安阳市开发区江湾北路 153 号，0372 - 6923027

法定代表人：陈西语

开户银行及账号：中国工商银行开发支行，6222020015892300162

财务负责人：吴远道

办税人员：张宁安

2. 实训业务资料

振通建筑安装有限责任公司于 2017 年 1 月成立，领受房产证、工商营业执照、建筑业企业资质证书各 1 件。开业当月与银行签订 1 年期借款合同一份，借款金额 200 万元，与发包单位签订建筑安装工程承包合同 1 份，合同金额为 320 万元，公司将其中的 80 万元分包给其他施工单位，并签订了分包合同。与货运公司签订运输合同 1 份，载明运输费用 10 万元。此外，企业营业账簿中，“实收资本”账簿记载的金额为 300 万元，其他账簿 14 本。

3. 实训要求

(1) 计算振通建筑安装有限责任公司于 2017 年 1 月应纳印花税。

(2) 填写印花税纳税申报表，并进行纳税申报。

实操提示：请登录“学问通”实训平台，进入“纳税实训”课程，进行相关实训操作。具体点击“模拟报税”按钮，模拟操作“地税电子办税服务厅”业务流程，完成印花税的纳税申报业务。

(二) 案例 2

1. 实训基础资料

企业名称：隆瑞服装有限公司

社会信用代码：911100000967128736

注册地址及电话：北京市望花区人民路 22 号，010－22989900

法定代表人：张立，身份证号码为 408603197009213355

企业类型：有限责任公司

开户银行及账号：中国工商银行人民路支行，9900000342188600945

财务负责人：汪明路

办税人员：金洪哲

2. 实训业务资料

隆瑞服装有限公司 2017 年 4 月开业，该公司 4 月发生以下交易事项：领受工商营业执照、房屋产权证、商标注册证各 1 件；与其他单位签订产品购销合同两份，合同记载金额共计 450 万元；与乙企业签订受托加工合同 1 份，乙企业（委托方）提供原材料价值 80 万元，本公司（受托方）提供辅助材料价值 25 万元，收取加工费 40 万元；与保险公司签订财产保险合同 1 份，投保金额 600 万元，缴纳保险费 12 万元。此外，企业营业账簿中，“实收资本”账簿记载的金额为 500 万元，其他账簿 16 本。

3. 实训要求

（1）计算隆瑞服装有限公司当月应缴纳的印花税税额。

（2）填写印花税纳税申报表并办理印花税纳税申报。

实操提示：请登录“学问通”实训平台，进入“纳税实训”课程，进行相关实训操作。具体点击“模拟报税”按钮，模拟操作“地税电子办税服务厅”业务流程，完成印花税的纳税申报业务。

任务 8.4　城市维护建设税与教育费附加的纳税申报

【情景引入】

红星卷烟厂为增值税一般纳税人，主要从事卷烟的生产、销售，是广宁省安阳市一家取得烟草专卖生产企业许可证的工业企业，2017 年 4 月，销售各类卷烟取得收入，按月申报缴纳了增值税和消费税。该卷烟厂应如何计算缴纳城市维护建设税和教育费附加？如何进行城市维护建设税和教育费附加的纳税申报？

一、实训要求

计算红星卷烟厂应纳的城市维护建设税和教育费附加，进行城市维护建设税和教育费附加的纳税申报。

二、相关税法规定

（一）城市维护建设税与教育费附加的纳税人

负有缴纳增值税、消费税义务的单位和个人都要依法缴纳城市维护建设税和教育费附加。

（二）城市维护建设税与教育费附加的税率与征收率

1. 城市维护建设税的税率

城市维护建设税实行地区差别比例税率。按照纳税人所在地区的不同，分别规定相应的税率。具体规定如下。

①纳税人所在地在市区的，税率为7%；

②纳税人所在地在县城、镇的，税率为5%；

③纳税人所在地不在市区、县城或者镇的，税率为1%。

城市维护建设税的适用税率，一般应按纳税人所在地的规定税率执行。但是对于下列两种情况，可按缴纳“增值税和消费税”所在地的规定税率就地缴纳。

①由受托方代扣代缴、代收代缴“增值税和消费税”的单位和个人，其代扣代缴、代收代缴的城市维护建设税按受托方所在地适用税率；

②流动经营等无固定纳税地点的单位和个人，在经营地缴纳“增值税和消费税”的，其城市维护建设税的缴纳按经营地适用税率。

2. 教育费附加的征收率

教育费附加的征收比率为3%。

（三）城市维护建设税与教育费附加应纳税（费）额的计算

（1）计税依据。

城市维护建设税及教育费附加的计税依据，为纳税人实际缴纳的增值税、消费税的税额。

确定计税依据要注意以下几点。

①城市维护建设税及教育费附加的计税依据是“增值税和消费税”的正税，不包括纳税人违反“增值税和消费税”有关规定而加收的滞纳金、罚款等。

②城市维护建设税及教育费附加随“增值税和消费税”同时征收，如果要免征或者减征“增值税和消费税”，也要同时免征或者减征城市维护建设税及教育费附加。但对出口产品退还增值税、消费税的，不退还已缴纳的城市维护建设税及教育费附加。进口产品代征增值税、消费税的，不征收城市维护建设税及教育费附加。

（2）应纳税（费）额的计算。

城市维护建设税的应纳税额，是在纳税人实际缴纳增值税、消费税的基础上计算出来的。其计算公式为：

$$\text{应纳城市维护建设税}=\left(\begin{matrix}\text{实际缴纳的}\\\text{增值税税额}\end{matrix}+\begin{matrix}\text{实际缴纳的}\\\text{消费税税额}\end{matrix}\right)\times\text{适用税率}$$

教育费附加以纳税人实际缴纳的增值税、消费税的税额为计征依据，并分别与增值税、消费税同时缴纳。其计算公式为：

$$\text{应纳教育费附加}=\left(\begin{matrix}\text{实际缴纳的}\\\text{增值税税额}\end{matrix}+\begin{matrix}\text{实际缴纳的}\\\text{消费税税额}\end{matrix}\right)\times\text{征收比率}$$

（四）城市维护建设税与教育费附加的征收管理

1. 纳税义务的发生时间

城市维护建设税以纳税人实际缴纳的增值税、消费税为计税依据，分别与增值税、消费税同时缴纳。所以城市维护建设税纳税义务发生时间基本上与增值税、消费税纳税义务发生时间一致。

2. 纳税期限

城市维护建设税的纳税期限与“增值税和消费税”的纳税期限一致。

3. 纳税地点

纳税人缴纳“增值税和消费税”的地点，就是该纳税人缴纳城市维护建设税的地点。在向所在地税务机关申报和缴纳增值税、消费税的同时，申报和缴纳城市维护建设税。但下列情况除外。

(1) 代征代扣、代收代缴“增值税和消费税”的单位和个人，同时也是城市维护建设税的代征代扣、代收代缴义务人，其城市维护建设税的纳税地点在代扣代收地。

(2) 跨省开采的油田，下属生产单位与核算单位不在一个省内的，其生产的原油，在油井所在地缴纳增值税，其应纳税款由核算单位按照各油井的产量和规定税率，计算汇拨各油井缴纳。所以，各油井应纳的城建税应由核算单位计算，随同增值税一并汇拨油井所在地，由油井在缴纳增值税的同时，一并缴纳城市维护建设税。

(3) 对流动经营等无固定纳税地点的单位和个人，应随同“增值税和消费税”在经营地按适用税率缴纳。

三、城市维护建设税与教育费附加的申报方式

“金税三期”工程统一国、地税核心征管应用系统版本，实现业务操作和执法标准统一、规范，城市维护建设税与教育费附加主要采用网上申报的电子申报方式。

纳税人在国税部门申报缴纳增值税、消费税后，应在地税部门申报缴纳对应的城市维护建设税、教育费附加、地方教育费附加等附加税费。

纳税人申报缴纳附加税费时，需要分别填写缴纳增值税额和缴纳消费税额两项，分别计算缴纳对应附加税费。

如果纳税人已经通过国税的电子税务局正常申报城市维护建设税与教育费附加，无须在地税再次申报该税种。

四、实训案例

（一）案例 1

1. 实训相关资料

以情景引入的资料为本实训案例。

企业名称：红星卷烟厂

社会信用代码：914105005622899012

注册地址及电话：广宁省安阳市开发区光明路 22 号，0372－6892343

法定代表人：周立祯，身份证号码为 408603197009213355

企业类型：有限责任公司

开户银行及账号：中国工商银行开发支行，6222020015676775091

财务负责人：明浩东

办税人员：付兴盛

2. 业务资料

红星卷烟厂为增值税一般纳税人，是广宁省安阳市一家取得烟草专卖生产企业许可证的工业企业，主要生产销售蓝光（甲类卷烟）和利民（乙类卷烟）两种卷烟。2017 年 4 月，缴纳增值税 2 160 318 元、消费税 11 846 682 元。

3. 实训要求

（1）计算红星卷烟厂 2017 年 4 月应纳城市维护建设税与教育费附加。

（2）填写城市维护建设税与教育费附加申报表，并进行纳税申报。

实操提示：请登录“学问通”实训平台，进入“纳税实训”课程，进行相关实训操作。具体点击“模拟报税”按钮，模拟操作“地税电子办税服务厅”业务流程，完成城市维护建设税与教育费附加的纳税申报业务。

（二）案例 2

1. 实训基础资料

企业名称：衡达酒业有限公司

社会信用代码：91420300NMADCAN091

法定代表人：张晓明，身份证号码为 210120167207212208

财务负责人：吴君辉，身份证号码为 210120196812032002

办税人员：李丹，身份证号码为210120198704181220

注册资本：2 000万元

经营期限：2007年6月20日至2037年6月19日

开户银行及账号：中国工商银行飞云路支行，3421667710187600934

注册地址及电话：盛阳市浑南新区飞云路19号，0536－3135678

职工人数：120人

经营范围：各类酒及相关制品

2. 实训业务资料

衡达酒业有限公司2017年6月缴纳增值税36万元，缴纳消费税48万元，因欠税被加收滞纳金7万元。该企业地处某城市市区，城市维护建设税税率为7%。

3. 实训要求

（1）计算衡达酒业有限公司2017年6月应缴纳的城市维护建设税与教育费附加。

（2）填写城市维护建设税与教育费附加纳税申报表，并进行纳税申报。

实操提示：请登录“学问通”实训平台，进入“纳税实训”课程，进行相关实训操作。具体点击“模拟报税”按钮，模拟操作“地税电子办税服务厅”业务流程，完成城市维护建设税与教育费附加的纳税申报业务。

图书在版编目(CIP)数据

纳税实训：手工实操与在线实训/伊虹主编．—北京：中国人民大学出版社，2017.8
（会计手工实操与在线实训系列规划教材）
ISBN 978-7-300-24595-9

Ⅰ．①纳… Ⅱ．①伊… Ⅲ．①纳税-税收管理-中国-教材 Ⅳ．①F812.423

中国版本图书馆 CIP 数据核字（2017）第 125663 号

会计手工实操与在线实训系列规划教材

纳税实训——手工实操与在线实训

伊　虹　主　编

田淑华　副主编

Nashui Shixun——Shougong Shicao yu Zaixian Shixun

出版发行	中国人民大学出版社		
社　　址	北京中关村大街 31 号	**邮政编码**	100080
电　　话	010－62511242（总编室）		010－62511770（质管部）
	010－82501766（邮购部）		010－62514148（门市部）
	010－62515195（发行公司）		010－62515275（盗版举报）
网　　址	http://www.crup.com.cn		
	http://www.ttrnet.com（人大教研网）		
经　　销	新华书店		
印　　刷	北京昌联印刷有限公司		
规　　格	185 mm×260 mm　16 开本	**版　　次**	2017 年 8 月第 1 版
印　　张	12.5　插页 1	**印　　次**	2019 年 8 月第 2 次印刷
字　　数	192 000	**定　　价**	49.80 元

纳税实训
单 据 簿

纳税实训单据目录

项目（任务）序号	案例序号	业务序号	业务1概述	原始单据		
				单据序号	名称	页码
项目3 任务3.1	案例1	1	购入白糖	3－1－1	增值税专用发票（抵扣联）	1
				3－1－2	增值税专用发票（发票联）	1
				3－1－3	增值税专用发票（抵扣联）	2
				3－1－4	增值税专用发票（发票联）	2
				3－1－5	转账支票存根	3
				3－1－6	转账支票存根	3
		2	收购草莓	3－2－1	农产品收购统一发票	3
		3	销售罐头	3－3－1	增值税专用发票（记账联）	4
				3－3－2	中国工商银行进账单（收账通知）	4
		4	发放福利	3－4－1	出库单	5
		5	缴纳上月增值税	3－5－1	税收缴款书	5
		6	进口加工设备	3－6－1	海关进口增值税专用缴款书	6
		7	销售罐头	3－7－1	增值税普通发票（记账联）	6
				3－7－2	中国工商银行进账单（收账通知）	7
		8	购进罐头瓶	3－8－1	增值税专用发票（抵扣联）	7
				3－8－2	增值税专用发票（发票联）	8
				3－8－3	增值税专用发票（抵扣联）	8
				3－8－4	增值税专用发票（发票联）	9
				3－8－5	转账支票存根	9
				3－8－6	转账支票存根	9
		9	缴纳电话费	3－9－1	增值税专用发票（抵扣联）	10
				3－9－2	增值税专用发票（发票联）	10
				3－9－3	托收凭证（付款通知）	11
		10	销售罐头	3－10－1	增值税专用发票（记账联）	11
				3－10－2	中国工商银行进账单（收账通知）	12
		11	购进小黄鱼	3－11－1	增值税专用发票（抵扣联）	12
				3－11－2	增值税专用发票（发票联）	13
				3－11－3	转账支票存根	13
		12	职工食堂领用白糖	3－12－1	领料单	13
		13	捐赠罐头	3－13－1	出库单	14

续前表

项目（任务）序号	案例序号	业务序号	业务1概述	原始单据		
				单据序号	名称	页码
项目3 任务3．1	案例1	14	报销差旅费	3－14－1	增值税专用发票（抵扣联）	14
				3－14－2	增值税专用发票（发票联）	15
				3－14－3	增值税专用发票（抵扣联）	15
				3－14－4	增值税专用发票（发票联）	16
		15	支付税控设备维护费	3－15－1	增值税专用发票（抵扣联）	16
				3－15－2	增值税专用发票（发票联）	17
		16	取得加油站发票	3－16－1	增值税专用发票（抵扣联）	17
				3－16－2	增值税专用发票（发票联）	18
		17	支付水费	3－17－1	增值税专用发票（抵扣联）	18
				3－17－2	增值税专用发票（发票联）	19
		18	支付电费	3－18－1	增值税专用发票（抵扣联）	19
				3－18－2	增值税专用发票（发票联）	20
		19	资产清查	3－19－1	资产清查报告单	20
		20	取得通行费发票	3－20－1	高速公路车辆通行费统一发票	21
				3－20－2	过路过桥通行费统一发票	21
项目4	案例1	1	购进烟丝	4－1－1	增值税专用发票（抵扣联）	22
				4－1－2	增值税专用发票（发票联）	22
				4－1－3	转账支票存根	23
				4－1－4	收料单	23
		2	发出烟叶	4－2－1	出库单	23
		3	缴纳上月消费税	4－3－1	税收缴款书	24
		4	支付加工费	4－4－1	增值税专用发票（抵扣联）	24
				4－4－2	增值税专用发票（发票联）	25
				4－4－3	转账支票存根	25
				4－4－4	收款收据	25
		5	烟丝入库	4－5－1	入库单	26
		6	烟丝领用	4－6－1	领料单	26
		7	销售利民卷烟	4－7－1	增值税专用发票（记账联）	27
				4－7－2	中国工商银行进账单（收账通知）	27
		8	赠送卷烟给客户	4－8－1	出库单	28

续前表

项目（任务）序号	案例序号	业务序号	业务1概述	原始单据		
				单据序号	名称	页码
项目4	案例1	9	销售蓝光卷烟	4－9－1	增值税专用发票（记账联）	28
				4－9－2	中国工商银行进账单（收账通知）	29
		10	月末汇总领用烟丝	4－10－1	领料单汇总表	29

单据 3－1－1

4105174132

广宁增值税专用发票

№ 26891211

4105174132
26891211

校验码 12781 97236 87120 73213

抵扣联

开票日期：2017年03月02日

购买方		密码区
名称：明华食品有限责任公司 纳税人识别号：914105006709CF1202 地址、电话：广宁省安阳市开发区中北路23号 0372-6723056 开户行及账号：中国工商银行开发支行 6222020015898926441		235-56<19458<3840+481*56728 75/373*4348*7>+>-2//54348*7 >*23-4367-7<8*873/+<4840+27 234+2395*3-/>7142>>8--56<12

货物或应税劳务、服务名称	规格型号	单位	数量	单价	金额	税率	税额
白糖		吨	15	3200.00	48000.00	17%	8160.00
合计					¥48000.00		¥8160.00
价税合计（大写）	⊗伍万陆仟壹佰陆拾元整				（小写）¥56160.00		

销售方	备注
名称：南田制糖厂 纳税人识别号：91410500367871209N 地址、电话：安阳市南湖区吕厝西路22号 0372-6520340 开户行及账号：中国工商银行南湖支行 6222020015898977090	

收款人： 复核： 开票人：郑星 销售方：（章）

第二联：抵扣联 购买方扣税凭证

税总函〔2015〕562号海南华森实业公司

（印章：全国统一发票监制章 广宁 国家税务总局监制）

（印章：南田制糖厂 91410500367871209N 发票专用章）

单据 3－1－2

4105174132

广宁增值税专用发票

№ 26891211

4105174132
26891211

校验码 12781 97236 87120 73213

发票联

开票日期：2017年03月02日

购买方		密码区
名称：明华食品有限责任公司 纳税人识别号：914105006709CF1202 地址、电话：广宁省安阳市开发区中北路23号 0372-6723056 开户行及账号：中国工商银行开发支行 6222020015898926441		235-56<19458<3840+481*56728 75/373*4348*7>+>-2//54348*7 >*23-4367-7<8*873/+<4840+27 234+2395*3-/>7142>>8--56<12

货物或应税劳务、服务名称	规格型号	单位	数量	单价	金额	税率	税额
白糖		吨	15	3200.00	48000.00	17%	8160.00
合计					¥48000.00		¥8160.00
价税合计（大写）	⊗伍万陆仟壹佰陆拾元整				（小写）¥56160.00		

销售方	备注
名称：南田制糖厂 纳税人识别号：91410500367871209N 地址、电话：安阳市南湖区吕厝西路22号 0372-6520340 开户行及账号：中国工商银行南湖支行 6222020015898977090	

收款人： 复核： 开票人：郑星 销售方：（章）

第三联：发票联 购买方记账凭证

税总函〔2015〕562号海南华森实业公司

（印章：全国统一发票监制章 广宁 国家税务总局监制）

（印章：南田制糖厂 91410500367871209N 发票专用章）

单据 3-1-3

4105174132　　**广宁增值税专用发票**　　№ 36780923　　4105174132 36780923

抵扣联

校验码 12389 67230 18710 27829　　开票日期：2017年03月02日

购买方	名称：明华食品有限责任公司 纳税人识别号：914105006709CF1202 地址、电话：广宁省安阳市开发区中北路23号 0372-6723056 开户行及账号：中国工商银行开发支行 6222020015898926441	密码区	235-56<19458<3840+481*56721 75/373*4348*7>+>-2//54348*5 >*23-4367-7<8*873/+<4840+20 234+2395*3-/>7142>>8--56<17

货物或应税劳务、服务名称	规格型号	单位	数量	单价	金额	税率	税额
运费					3000.00	11%	330.00
合计					¥3000.00		¥330.00
价税合计（大写）	⊗叁仟叁佰叁拾元整				（小写）¥3330.00		

销售方	名称：安阳市铁路局 纳税人识别号：9141050056DC110092 地址、电话：安阳市南湖区大田路37号 0372-6933782 开户行及账号：中国工商银行南湖支行 6222020015898944882	备注	南田-明华，白糖

收款人：　　复核：　　开票人：李菊　　销售方：（章）

（印章：安阳市铁路局 9141050056DC110092 发票专用章）

税总函[2015]562号海南华森实业公司

第二联：抵扣联 购买方扣税凭证

单据 3-1-4

4105174132　　**广宁增值税专用发票**　　№ 36780923　　4105174132 36780923

发票联

校验码 12389 67230 18710 27829　　开票日期：2017年03月02日

购买方	名称：明华食品有限责任公司 纳税人识别号：914105006709CF1202 地址、电话：广宁省安阳市开发区中北路23号 0372-6723056 开户行及账号：中国工商银行开发支行 6222020015898926441	密码区	235-56<19458<3840+481*56721 75/373*4348*7>+>-2//54348*5 >*23-4367-7<8*873/+<4840+20 234+2395*3-/>7142>>8--56<17

货物或应税劳务、服务名称	规格型号	单位	数量	单价	金额	税率	税额
运费					3000.00	11%	330.00
合计					¥3000.00		¥330.00
价税合计（大写）	⊗叁仟叁佰叁拾元整				（小写）¥3330.00		

销售方	名称：安阳市铁路局 纳税人识别号：9141050056DC110092 地址、电话：安阳市南湖区大田路37号 0372-6933782 开户行及账号：中国工商银行南湖支行 6222020015898944882	备注	南田-明华，白糖

收款人：　　复核：　　开票人：李菊　　销售方：（章）

（印章：安阳市铁路局 9141050056DC110092 发票专用章）

税总函[2015]562号海南华森实业公司

第三联：发票联 购买方记账凭证

单据 3－1－5

中国工商银行
转账支票存根
50104121
23013001

附加信息

出票日期2017 年03 月02 日

收款人：	南田制糖厂
金　额：	¥56160.00
用　途：	购买白糖

单位主管　　　会计

单据 3－1－6

中国工商银行
转账支票存根
50104121
23013002

附加信息

出票日期2017 年03 月02 日

收款人：	安阳市铁路局
金　额：	¥3330.00
用　途：	运费

单位主管　　　会计

单据 3－2－1

广宁省国家税务局农产品收购统一发票

广宁省 记账联 （全国统一发票监制章 国家税务总局监制）

发票代码562098110021

发票号码89230921

2017 年03 月05 日

出售人姓名	王强	身份证号	230978230912378009
电　话	15623890123	地　址	广宁省安阳市开发区艺星路23号

品　名	等级	单位	数量	单价	金额：百	十	万	千	百	十	元	角	分
草莓		千克	8000	7.50		¥	6	0	0	0	0	0	0

金额(大写)	零 佰零 拾陆 万零 仟零 佰零 拾零 元零 角零 分			¥ 60000.00	
计算抵扣进项税额计税金额	60000.00	扣除单	13 %	税　额	7800.00
备　注					

④开票方记账票据凭证

开票单位(未盖章无效)（湘华食品有限责任公司 91410500067O9CF1202 发票专用章）　　付款人　　开票人 周念

单据 3－3－1

广宁增值税专用发票

4105174133　　№ 22031001　　4105174133 22031001

此联不作报销、扣税凭证使用

校验码 12569 67210 18922 09231　　开票日期：2017年03月07日

购买方	名　　称：红盛商贸有限公司 纳税人识别号：91410500892378A110 地 址、电 话：安阳市红星区广义路156号　0372-6823029 开户行及账号：中国工商银行红星支行　6222020015898930018	密码区	235-56<19458<3840+481*56711 75/373*4348*7>+>-2//54348*7 >*23-4367-7<8*873/+<4840+25 234+2395*3-/>7142>>8--56<19

货物或应税劳务、服务名称	规格型号	单位	数量	单价	金额	税率	税额
罐头		批			250 000.00	17%	42500.00
合　　计					￥250000.00		￥42500.00
价税合计（大写）	⊗贰拾玖万贰仟伍佰元整				（小写）￥292500.00		

销售方	名　　称：明华食品有限责任公司 纳税人识别号：914105006709CF1202 地 址、电 话：广宁省安阳市开发区中北路23号　0372-6723056 开户行及账号：中国工商银行开发支行　6222020015898926441	备注	明华食品有限责任公司 914105006709CF1202 发票专用章

收款人：　　复核：　　开票人：周念　　销售方：（章）

税总函［2015］562号海南华森实业公司

第一联：记账联　销售方记账凭证

单据 3－3－2

ICBC 中国工商银行　进账单（收账通知）3

2017 年 03 月 07 日　　№

出票人	全　称	红盛商贸有限公司	收款人	全　称	明华食品有限责任公司
	账　号	6222020015898930018		账　号	6222020015898926441
	开户银行	中国工商银行红星支行		开户银行	中国工商银行开发支行

金额	人民币（大写）贰拾玖万贰仟伍佰元整	亿	千	百	十	万	千	百	十	元	角	分
				￥	2	9	2	5	0	0	0	0

票据种类	支票	票据张数	1
票据号码			

备注：

复核：　　记账：

中国工商银行开发支行 业务专用章 (1)

收款人开户银行签章

此联是收款人开户银行交给收款人的收账通知

175*85mm GH066011

单据 3－4－1

出 库 单

领料车间(部门)：行政部　　2017 年 03 月 08 日　　编号：2890121

产品名称	规格	计量单位	数量		成本		备注
			请领	实发	单位成本	金额	
蓝莓罐头		箱	10	10	800.00	8000.00	
合计			10	10		8000.00	

会计联

记账：周念　　发料：李斌　　领料负责人：林强　　领料：王志浩

单据 3－5－1

中 华 人 民 共 和 国
税收缴款书(税务收现专用)

国

(153)京国税00025641

登记注册类型：有限责任公司　　填表日期：2017年 03月 10日　　税务机关：安阳市开发区国家税务局

纳税人识别号	914105006709CF1202	纳税人名称	明华食品有限责任公司
地址	广宁省安阳市开发区中北路23号		

税种	品目名称	课税数量	计税金额或销售收入	税率或单位税额	税款所属时期	已缴或扣除额	实缴金额
增值税					20170201-20170228		32000.00
金额合计	大写叁万贰仟元整						¥32000.00
税务机关（盖章）	代征单位（盖章）	填表人		备注			

第一联（收据）交纳税人作完税凭证

妥 善 保 管

单据 3-6-1

GS01

海关 进口增值税 专用缴款书

收入系统：税务系统　　填发日期： 2017 年 03 月 13 日　　号码 No. 235798560021

收款单位				缴款单位（人）		
	收入机关	中央金库			名称	明华食品有限责任公司
	科目	进口增值税	预算级次 中央		帐号	6222020015898926441
	收款国库	安阳市人行金库			开户银行	中国工商银行开发支行

税号	货物名称	数量	单位	完税价格（¥）	税率（%）	税款金额（¥）
7112302311	罐头生产加工设备	1	套	230 000	17%	39 100
金额人民币（大写） 叁万玖仟壹佰元整					合计（¥）	¥39100.00

申请单位编号	2309340000	报关单编号	090002567	填制单位	收款国库（银行）
合同（批文）号	DFHYQQOP78	运输工具（号）	VD3124	中华人民共和国安阳海关 单证专用章 (04)	中国工商银行开发支行 业务专用章 (1)
缴款期限		提/装货单号		制单人	
备注	一般贸易，照章征收 2017.03.13 纳税人识别号：914105006709CF1202			复核人	

从填发缴款书之日起限15日内缴纳（期末遇法定节假日顺延），逾期按日征收税款总额万分之五的滞纳金。

第一联：（收据）国库收款签章后交缴款单位或缴纳人

单据 3-7-1

广宁增值税普通发票

4105174123　　№ 25632001　　4105174123 25632001

开票日期：2017年03月15日

校验码 12670 27899 92311 23691

购买方	名称：江都假日酒店 纳税人识别号：914105002600182670 地址、电话：安阳市开发区七星西路67号 0372-6729911 开户行及账号：中国工商银行开发支行 6222020015898901172	密码区	235-56<19458<3840+481*56721 75/373*4348*7>+>-2//54348*9 >*23-4367-7<8*873/+<4840+25 234+2395*3-/>7142>>8--56<13

货物或应税劳务、服务名称	规格型号	单位	数量	单价	金额	税率	税额
板栗罐头		箱	50	600.00	30000.00	17%	5100.00
合计					¥30000.00		¥5100.00
价税合计（大写）	⊗叁万伍仟壹佰元整				（小写）¥35100.00		

销售方	名称：明华食品有限责任公司 纳税人识别号：914105006709CF1202 地址、电话：广宁省安阳市开发区中北路23号 0372-6723056 开户行及账号：中国工商银行开发支行 6222020015898926441	备注	明华食品有限责任公司 914105006709CF1202 发票专用章

收款人：　　复核：　　开票人：周念　　销售方：（章）

第一联：记账联 销售方记账凭证

单据 3－7－2

ICBC 中国工商银行 **进账单**（收账通知） 3

2017 年 03 月 15 日 №

出票人	全　称	江都假日酒店	收款人	全　称	明华食品有限责任公司
	账　号	6222020015898901172		账　号	6222020015898926441
	开户银行	中国工商银行开发支行		开户银行	中国工商银行开发支行
金额	人民币（大写）	叁万伍仟壹佰元整		亿千百十万千百十元角分	¥ 3 5 1 0 0 0 0
票据种类	支票	票据张数	1		
票据号码					
备注：				收款人开户银行签章	中国工商银行开发支行 业务专用章（1）
复核：		记账：			

此联是收款人开户银行交给收款人的收账通知

175*85mm GH066011

单据 3－8－1

4105174132　　广宁增值税专用发票　　№ 29830923

抵扣联

4105174132
29830923

校验码 23098 16521 67238 09311　　开票日期：2017年03月16日

购买方	名　称：明华食品有限责任公司 纳税人识别号：914105006709CF1202 地址、电话：广宁省安阳市开发区中北路23号 0372-6723056 开户行及账号：中国工商银行开发支行 6222020015898926441	密码区	235-56<19458<3840+481*56727 75/373*4348*7>+>-2//54348*5 >*23-4367-7<8*873/+<4840+27 234+2395*3-/>7142>>8--56<12

货物或应税劳务、服务名称	规格型号	单位	数量	单价	金额	税率	税额
罐头瓶		只	250000	0.16	40000.00	17%	6800.00
合　　计					¥40000.00		¥6800.00
价税合计（大写）	⊗肆万陆仟捌佰元整				（小写）¥46800.00		

销售方	名　称：江宁平板玻璃厂 纳税人识别号：9141050023009F210N 地址、电话：安阳市红星区广元路111号 0372-6890256 开户行及账号：中国工商银行红星支行 6222020015898935507	备注	江宁平板玻璃厂 9141050023009F210N 发票专用章

收款人：　　复核：　　开票人：张怡　　销售方：（章）

第二联：抵扣联 购买方扣税凭证

税总函［2015］561号

单据 3－8－2

4105174132 **广宁增值税专用发票** №29830923 4105174132 29830923

发票联

校验码 23098 16521 67238 09311 开票日期：2017年03月16日

购买方	
名　　称	明华食品有限责任公司
纳税人识别号	914105006709CF1202
地址、电话	广宁省安阳市开发区中北路23号 0372-6723056
开户行及账号	中国工商银行开发支行 6222020015898926441

密码区：235-56<19458<3840+481*56727 75/373*4348*7>+>-2//54348*5 >*23-4367-7<8*873/+<4840+27 234+2395*3-/>7142>>8--56<12

货物或应税劳务、服务名称	规格型号	单位	数量	单价	金额	税率	税额
罐头瓶		只	250000	0.16	40000.00	17%	6800.00
合　计					¥40000.00		¥6800.00
价税合计（大写）	⊗肆万陆仟捌佰元整				（小写）¥46800.00		

销售方	
名　　称	江宁平板玻璃厂
纳税人识别号	91410500230009F210N
地址、电话	安阳市红星区广元路111号 0372-6890256
开户行及账号	中国工商银行红星支行 6222020015898935507

备注：

收款人： 复核： 开票人：张怡 销售方：（章）

（印章：江宁平板玻璃厂 91410500230009F210N 发票专用章）

税总函［2015］562号海南华森实业公司

第三联：发票联 购买方记账凭证

单据 3－8－3

4105174132 **广宁增值税专用发票** №56829013 4105174132 56829013

抵扣联

校验码 13890 56239 18231 21098 开票日期：2017年03月16日

购买方	
名　　称	明华食品有限责任公司
纳税人识别号	914105006709CF1202
地址、电话	广宁省安阳市开发区中北路23号 0372-6723056
开户行及账号	中国工商银行开发支行 6222020015898926441

密码区：235-56<19458<3840+481*59082 75/373*4348*7>+>-2//54348*7 >*23-4367-7<8*873/+<4840+24 234+2395*3-/>7142>>8--56<13

货物或应税劳务、服务名称	规格型号	单位	数量	单价	金额	税率	税额
运费					7000.00	11%	770.00
合　计					¥7000.00		¥770.00
价税合计（大写）	⊗柒仟柒佰柒拾元整				（小写）¥7770.00		

销售方	
名　　称	顺发运输有限公司
纳税人识别号	914105007809092316
地址、电话	安阳市红星区广元路24号 0372-6523092
开户行及账号	中国工商银行广元路支行 6222020015898947127

备注：江宁-明华，罐头瓶

收款人： 复核： 开票人：张文海 销售方：（章）

（印章：顺发运输有限公司 914105007809092316 发票专用章）

税总函［2015］562号海南华森实业公司

第二联：抵扣联 购买方扣税凭证

单据 3－8－4

4105174132

广宁增值税专用发票

抵扣联

№ 56829013

4105174132
56829013

校验码 13890 56239 18231 21098

开票日期：2017年03月16日

购买方	名称：明华食品有限责任公司 纳税人识别号：914105006709CF1202 地址、电话：广宁省安阳市开发区中北路23号 0372-6723056 开户行及账号：中国工商银行开发支行 6222020015898926441	密码区	235-56<19458<3840+481*59082 75/373*4348*7>+>-2//54348*7 >*23-4367-7<8*873/+<4840+24 234+2395*3-/>7142>>8--56<13

货物或应税劳务、服务名称	规格型号	单位	数量	单价	金额	税率	税额
运费					7000.00	11%	770.00
合计					¥7000.00		¥770.00
价税合计（大写）	⊗柒仟柒佰柒拾元整				（小写）¥7770.00		

销售方	名称：顺发运输有限公司 纳税人识别号：914105007809092316 地址、电话：安阳市红星区广元路24号 0372-6523092 开户行及账号：中国工商银行广元路支行 6222020015898947127	备注	江宁-明华，罐头瓶

收款人：　　复核：　　开票人：张文海　　销售方：（章）

第二联：抵扣联 购买方扣税凭证

单据 3－8－5

中国工商银行
转账支票存根
50104121
23013003

附加信息

出票日期 2017 年 03 月 16 日

收款人：	江宁平板玻璃厂
金　额：	¥46800.00
用　途：	购买罐头瓶

单位主管　　会计

单据 3－8－6

中国工商银行
转账支票存根
50104121
23013004

附加信息

出票日期 2017 年 03 月 16 日

收款人：	顺发运输有限公司
金　额：	¥7770.00
用　途：	运费

单位主管　　会计

单据 3－9－1

4105174132　**广宁增值税专用发票**　№ 27189091　4105174132 27189091

抵扣联

校验码 12781 28321 97114 27653　　开票日期：2017年03月17日

购买方	名　　称：明华食品有限责任公司 纳税人识别号：914105006709CF1202 地 址、电 话：广宁省安阳市开发区中北路23号 0372-6723056 开户行及账号：中国工商银行开发支行 6222020015898926441	密码区	235-56<19458<3840+481*56721 75/373*4348*7>+>-2//54348*8 >*23-4367-7<8*873/+<4840+25 234+2395*3-/>7142>>8--56<16

货物或应税劳务、服务名称	规格型号	单位	数量	单价	金额	税率	税额
语音服务收入	基础服务		1	5000.00	5000.00	11%	550.00
合　　计					¥5000.00		¥550.00
价税合计（大写）	⊗伍仟伍佰伍拾元整				（小写）¥5550.00		

销售方	名　　称：广宁电信公司安阳分公司 纳税人识别号：914105007809112781 地 址、电 话：广宁省安阳市开发区中北路77号 0372-6892011 开户行及账号：中国工商银行开发支行 6222020015898945772	备注	

收款人：　　复核：　　开票人：吴建才　　销售方：（章）

第二联：抵扣联　购买方扣税凭证

税总函〔2015〕562号海南华森实业公司

单据 3－9－2

4105174132　**广宁增值税专用发票**　№ 27189091　4105174132 27189091

发票联

校验码 12781 28321 97114 27653　　开票日期：2017年03月17日

购买方	名　　称：明华食品有限责任公司 纳税人识别号：914105006709CF1202 地 址、电 话：广宁省安阳市开发区中北路23号 0372-6723056 开户行及账号：中国工商银行开发支行 6222020015898926441	密码区	235-56<19458<3840+481*56721 75/373*4348*7>+>-2//54348*8 >*23-4367-7<8*873/+<4840+25 234+2395*3-/>7142>>8--56<16

货物或应税劳务、服务名称	规格型号	单位	数量	单价	金额	税率	税额
语音服务收入	基础服务		1	5000.00	5000.00	11%	550.00
合　　计					¥5000.00		¥550.00
价税合计（大写）	⊗伍仟伍佰伍拾元整				（小写）¥5550.00		

销售方	名　　称：广宁电信公司安阳分公司 纳税人识别号：914105007809112781 地 址、电 话：广宁省安阳市开发区中北路77号 0372-6892011 开户行及账号：中国工商银行开发支行 6222020015898945772	备注	

收款人：　　复核：　　开票人：吴建才　　销售方：（章）

第三联：发票联　购买方记账凭证

税总函〔2015〕562号海南华森实业公司

单据 3－9－3

托收凭证 （付款通知） 5

委托日期 2017年 03月 17日 | 付款期限 年 月 日

业务类型	委托收款(□邮划、☑电划) 托收承付(□邮划、□电划)				
付款人 全称	明华食品有限责任公司		收款人 全称	广宁电信公司安阳分公司	
付款人 账号	6222020015898926441		收款人 账号	6222020015898945772	
付款人 地址	广宁 省 安阳 市县	开户行 中国工商银行开发支行	收款人 地址	广宁 省 安阳 市县	开户行 中国工商银行开发支行
金额 人民币(大写)	伍仟伍佰伍拾元整				

亿	千	百	十	万	千	百	十	元	角	分
				¥	5	5	5	0	0	0

款项内容	电话费	托收凭据名称	增值税专用发票	附寄单证张数	1
商品发运情况	已发运	合同名称号码			

备注：

付款人开户银行收到日期 年 月 日

复核 记账

中国工商银行开发支行 业务专用章 (1)

付款人开户银行签章 2017年 03月 17日

付款人注意：1.根据支付人结算办法，上列委托收款（托收承付）款项在付款期限内未提出拒付，即视为同意付款，以此代付款通知。2.如需提出全部或部分拒付，应在规定期限内，将拒付理由书并附债务证明退交开户银行。

此联付款人开户银行给付款人按期付款通知

单据 3－10－1

广宁增值税专用发票

4105174133 № 22031002 4105174133 22031002

此联不作报销、扣税凭证使用

校验码 31209 26711 07823 29120 开票日期：2017年03月19日

购买方	
名称	乐买超市有限公司
纳税人识别号	9141050023280NB121
地址、电话	安阳市红星区顺安路87号 0372-6736028
开户行及账号	中国工商银行顺安路支行 6222020015898926298

密码区：
235-56<19458<3840+481*56721
75/373*4348*7>+>-2//54348*3
>*23-4367-7<8*873/+<4840+28
234+2395*3-/>7142>>8--56<16

货物或应税劳务、服务名称	规格型号	单位	数量	单价	金额	税率	税额
罐头		批			322000.00	17%	54740.00
合计					¥322000.00		¥54740.00
价税合计（大写）	⊗叁拾柒万陆仟柒佰肆拾元整				（小写）¥376740.00		

销售方	
名称	明华食品有限责任公司
纳税人识别号	914105006709CF1202
地址、电话	广宁省安阳市开发区中北路23号 0372-6723056
开户行及账号	中国工商银行开发支行 6222020015898926441

备注：明华食品有限责任公司 914105006709CF1202 发票专用章

收款人： 复核： 开票人：周念 销售方：（章）

第一联：记账联 销售方记账凭证

单据 3－10－2

ICBC 中国工商银行　进账单（收账通知）3

2017 年 03 月 19 日　№

出票人	全　称	乐买超市有限公司	收款人	全　称	明华食品有限责任公司
	账　号	6222020015898926298		账　号	6222020015898926441
	开户银行	中国工商银行顺安路支行		开户银行	中国工商银行开发支行
金额	人民币（大写）	叁拾柒万陆仟柒佰肆拾元整		亿千百十万千百十元角分	¥ 3 7 6 7 4 0 0 0
票据种类	支票	票据张数	1		
票据号码					
备注：					
复核：	记账：			收款人开户银行签章	中国工商银行开发支行 业务专用章 (1)

此联是收款人开户银行交给收款人的收账通知

175*85mm GH066011

单据 3－11－1

4105174133　广宁增值税专用发票　№ 67309234　4105174133 67309234

抵扣联

校验码 13509 26722 63892 25363　开票日期：2017年03月21日

购买方	名　　称：明华食品有限责任公司 纳税人识别号：914105006709CF1202 地　址、电　话：广宁省安阳市开发区中北路23号 0372-6723056 开户行及账号：中国工商银行开发支行 6222020015898926441	密码区	235-56<19458<3840+481*56725 75/373*4348*7>+>-2//54348*8 >*23-4367-7<8*873/+<4840+25 234+2395*3-/>7142>>8--56<11

货物或应税劳务、服务名称	规格型号	单位	数量	单价	金额	税率	税额
冷冻小黄鱼		吨	12	7500.00	90000.00	13%	11700.00
合　　计					¥90000.00		¥11700.00
价税合计（大写）	⊗壹拾万壹仟柒佰元整				（小写）¥101700.00		

销售方	名　　称：善宝冷栋食品有限公司 纳税人识别号：91410500560023541N 地　址、电　话：安阳市安福区西林路90号 0372-6237288 开户行及账号：中国工商银行安福支行 6222020015898956510	备注	善宝冷栋食品有限公司 91410500560023541N 发票专用章

收款人：　复核：　开票人：艾清清　销售方：（章）

第二联：抵扣联　购买方扣税凭证

税总函〔2015〕562号

单据 3－11－2

广宁增值税专用发票

发 票 联

4105174133　　№ 67309234　　4105174133　67309234

校验码 13509 26722 63892 25363　　开票日期：2017年03月21日

购买方	名　　称：明华食品有限责任公司 纳税人识别号：914105006709CF1202 地 址、电 话：广宁省安阳市开发区中北路23号 0372-6723056 开户行及账号：中国工商银行开发支行 6222020015898926441	密码区	235-56<19458<3840+481*56725 75/373*4348*7>+>-2//54348*8 >*23-4367-7<8*873/+<4840+25 234+2395*3-/>7142>>8--56<11

货物或应税劳务、服务名称	规格型号	单位	数量	单价	金额	税率	税额
冷冻小黄鱼		吨	12	7500.00	90000.00	13%	11700.00
合计					￥90000.00		￥11700.00
价税合计（大写）	⊗壹拾万壹仟柒佰元整				（小写）￥101700.00		

销售方	名　　称：善宝冷栋食品有限公司 纳税人识别号：91410500560023541N 地 址、电 话：安阳市安福区西林路90号 0372-6237288 开户行及账号：中国工商银行安福支行 6222020015898956510	备注	

收款人：　　复核：　　开票人：艾清清　　销售方：（章）

税总函［2015］562号海南华森实业公司

第三联：发票联　购买方记账凭证

（印章：善宝冷栋食品有限公司 91410500560023541N 发票专用章）

单据 3－11－3

中国工商银行
转账支票存根
50104121
23013005

附加信息

出票日期2017年03月21日

收款人：善宝冷栋食品有限公司

金　额：￥101700.00

用　途：购买冷冻小黄鱼

单位主管　　会计

上海金达证券印制有限公司・2012年印制

单据 3－12－1

领 料 单

领料部门：行政部

用 途 职工食堂　　2017 年 03 月 22 日　　第 20170422001 号

材料			单位	数量		成本									
						单价	总价								
编号	名称	规格		请领	实发		百	十	万	千	百	十	元	角	分
002	白糖		吨	0.5	0.5	3,400.00				1	7	0	0	0	0
合计				0.5	0.50				￥	1	7	0	0	0	0

会计联

部门经理：林强　　会计：周念　　仓库：李斌　　经办人：王志浩

单据 3－13－1

出 库 单

领料车间(部门)：行政部　　　　2017 年 03 月 24 日　　　　编号：2890122

产品名称	规格	计量单位	数量		成本		备注
			请领	实发	单位成本	金额	
黄桃罐头		箱	5	5	200.00	1000.00	不含税售价1500元
合计			5	5		1000.00	

会计联

记账：周念　　发料：李斌　　领料负责人：林强　　领料：王志浩

单据 3－14－1

广宁增值税专用发票

抵扣联

4105174131　　№ 25670912　　4105174131　25670912

校验码 15612 38901 47831 60930　　开票日期：2017年03月26日

购买方		密码区
名　　称：明华食品有限责任公司 纳税人识别号：914105006709CF1202 地 址、电 话：广宁省安阳市开发区中北路23号 0372-6723056 开户行及账号：中国工商银行开发支行 6222020015898926441		235-56<19458<3840+481*58735 75/373*4348*7>+>-2//54348*6 >*23-4367-7<8*873/+<4840+20 234+2395*3-/>7142>>8--56<14

货物或应税劳务、服务名称	规格型号	单位	数量	单价	金额	税率	税额
住宿费					5000.00	6%	300.00
合　　计					￥5000.00		￥300.00
价税合计（大写）	⊗伍仟叁佰元整				（小写）￥5300.00		

销售方	备注
名　　称：如家快捷酒店有限公司 纳税人识别号：914105007822576BD1 地 址、电 话：安阳市安福区东园路18号 0372-6388251 开户行及账号：中国工商银行东园路支行 6222020015898955287	

收款人：　　复核：　　开票人：黄雅倩　　销售方：（章）

（印章：如家快捷酒店有限公司 914105007822576BD1 发票专用章）

第二联：抵扣联　购买方扣税凭证

单据 3－14－2

4105174131　　广宁增值税专用发票　　№ 25670912　　4105174131 25670912

发票联

校验码 15612 38901 47831 60930　　开票日期：2017年03月26日

购买方	名　称：明华食品有限责任公司 纳税人识别号：914105006709CF1202 地址、电话：广宁省安阳市开发区中北路23号 0372-6723056 开户行及账号：中国工商银行开发支行 6222020015898926441	密码区	235-56<19458<3840+481*58735 75/373*4348*7>+>-2//54348*6 >*23-4367-7<8*873/+<4840+20 234+2395*3-/>7142>>8--56<14

货物或应税劳务、服务名称	规格型号	单位	数量	单价	金额	税率	税额
住宿费					5000.00	6%	300.00
合　计					¥5000.00		¥300.00
价税合计（大写）	⊗伍仟叁佰元整				（小写）¥5300.00		

销售方	名　称：如家快捷酒店有限公司 纳税人识别号：914105007822576BD1 地址、电话：安阳市安福区东园路18号 0372-6388251 开户行及账号：中国工商银行东园路支行 6222020015898955287	备注	如家快捷酒店有限公司 914105007822576BD1 发票专用章

收款人：　　复核：　　开票人：黄雅倩　　销售方：（章）

税总函［2015］562号海南华森实业公司　　第三联：发票联　购买方记账凭证

单据 3－14－3

4105174131　　广宁增值税专用发票　　№ 57824502　　4105174131 57824502

抵扣联

校验码 13567 29011 52781 09367　　开票日期：2017年03月26日

购买方	名　称：明华食品有限责任公司 纳税人识别号：914105006709CF1202 地址、电话：广宁省安阳市开发区中北路23号 0372-6723056 开户行及账号：中国工商银行开发支行 6222020015898926441	密码区	235-56<19458<3840+481*56890 75/373*4348*7>+>-2//54348*7 >*23-4367-7<8*873/+<4840+26 234+2395*3-/>7142>>8--56<13

货物或应税劳务、服务名称	规格型号	单位	数量	单价	金额	税率	税额
住宿费					2000.00	3%	60.00
合　计					¥2000.00		¥60.00
价税合计（大写）	⊗贰仟零陆拾元整				（小写）¥2060.00		

销售方	名　称：兴隆旅馆 纳税人识别号：9141050009235612N 地址、电话：安阳市安福区东园路211号 0372-6742082 开户行及账号：中国工商银行东园路支行 6222020015898966101	备注	兴隆旅馆 9141050009235612N 发票专用章

收款人：　　复核：　　开票人：许丽丽　　销售方：（章）

税总函［2015］562号海南华森实业公司　　第二联：抵扣联　购买方扣税凭证

单据 3－14－4

4105174131 广宁增值税专用发票 № 57824502 4105174131 57824502

发票联

校验码 13567 29011 52781 09367 开票日期：2017年03月26日

购买方	名称：明华食品有限责任公司 纳税人识别号：914105006709CF1202 地址、电话：广宁省安阳市开发区中北路23号 0372-6723056 开户行及账号：中国工商银行开发支行 6222020015898926441	密码区	235-56<19458<3840+481*56890 75/373*4348*7>+>-2//54348*7 >*23-4367-7<8*873/+<4840+26 234+2395*3-/>7142>>8--56<13

货物或应税劳务、服务名称	规格型号	单位	数量	单价	金额	税率	税额
住宿费					2000.00	3%	60.00
合计					¥2000.00		¥60.00
价税合计（大写）	⊗贰仟零陆拾元整				（小写）¥2060.00		

销售方	名称：兴隆旅馆 纳税人识别号：91410500092356612N 地址、电话：安阳市安福区东园路211号 0372-6742082 开户行及账号：中国工商银行东园路支行 6222020015898966101	备注	

收款人： 复核： 开票人：许丽丽 销售方：（章）

税总函［2015］562号 海南华森实业公司

第三联：发票联 购买方记账凭证

（印章：兴隆旅馆 91410500092356612N 发票专用章）

单据 3－15－1

4105174130 广宁增值税专用发票 № 23892302 4105174130 23892302

抵扣联

校验码 15678 29308 67238 19203 开票日期：2017年03月27日

购买方	名称：明华食品有限责任公司 纳税人识别号：914105006709CF1202 地址、电话：广宁省安阳市开发区中北路23号 0372-6723056 开户行及账号：中国工商银行开发支行 6222020015898926441	密码区	235-56<19458<3840+481*56749 75/373*4348*7>+>-2//54348*7 >*23-4367-7<8*873/+<4840+20 234+2395*3-/>7142>>8--56<18

货物或应税劳务、服务名称	规格型号	单位	数量	单价	金额	税率	税额
设备维护费					418.80	17%	71.20
合计					¥418.80		¥71.20
价税合计（大写）	⊗肆佰玖拾元整				（小写）¥490.00		

销售方	名称：安阳航天金穗电子有限公司 纳税人识别号：9141050067BN0Q0234 地址、电话：广宁省安阳市开发区中北路78号 0372-6756091 开户行及账号：中国工商银行开发支行 6222020015235609822	备注	

收款人： 复核： 开票人：章天霖 销售方：（章）

税总函［2015］562号 海南华森实业公司

第二联：抵扣联 购买方扣税凭证

（印章：安阳航天金穗电子有限公司 9141050067BN0Q0234 发票专用章）

单据 3－15－2

4105174130　　**广宁增值税专用发票**　　№ 23892302　　4105174130 23892302

发票联

校验码 15678 29308 67238 19203　　开票日期：2017年03月27日

购买方	名称：明华食品有限责任公司 纳税人识别号：914105006709CF1202 地址、电话：广宁省安阳市开发区中北路23号 0372-6723056 开户行及账号：中国工商银行开发支行 6222020015898926441	密码区	235-56<19458<3840+481*56749 75/373*4348*7>+>-2//54348*7 >*23-4367-7<8*873/+<4840+20 234+2395*3-/>7142>>8--56<18

货物或应税劳务、服务名称	规格型号	单位	数量	单价	金额	税率	税额
设备维护费					418.80	17%	71.20
合计					¥418.80		¥71.20
价税合计（大写）	⊗肆佰玖拾元整				（小写）¥490.00		

销售方	名称：安阳航天金穗电子有限公司 纳税人识别号：9141050067BN0Q0234 地址、电话：广宁省安阳市开发区中北路78号 0372-6756091 开户行及账号：中国工商银行开发支行 6222020015235609822	备注	

收款人：　　复核：　　开票人：章天霖　　销售方：（章）

（印章：安阳航天金穗电子有限公司 9141050067BN0Q0234 发票专用章）

第三联：发票联　购买方记账凭证

单据 3－16－1

4105174132　　**广宁增值税专用发票**　　№ 58093323　　4105174132 58093323

抵扣联

校验码 14571 29012 37823 45891　　开票日期：2017年03月28日

购买方	名称：明华食品有限责任公司 纳税人识别号：914105006709CF1202 地址、电话：广宁省安阳市开发区中北路23号 0372-6723056 开户行及账号：中国工商银行开发支行 6222020015898926441	密码区	235-56<19458<3840+481*58955 75/373*4348*7>+>-2//54348*7 >*23-4367-7<8*873/+<4840+78 234+2395*3-/>7142>>8--56<13

货物或应税劳务、服务名称	规格型号	单位	数量	单价	金额	税率	税额
柴油		升	2000	5.20	10400.00	17%	1768.00
合计					¥10400.00		¥1768.00
价税合计（大写）	⊗壹万贰仟壹佰陆拾捌元整				（小写）¥12168.00		

销售方	名称：振兴加油站 纳税人识别号：914105007822309760 地址、电话：广宁省安阳市开发区大田东路176号 0372-6892603 开户行及账号：中国工商银行开发支行 6222020015898967228	备注	

收款人：　　复核：　　开票人：刘甜　　销售方：（章）

（印章：振兴加油站 914105007822309760 发票专用章）

第二联：抵扣联　购买方扣税凭证

单据 3-16-2

4105174132　**广宁增值税专用发票**　№ 58093323　4105174132 58093323

发票联

校验码 14571 29012 37823 45891　　开票日期：2017年03月28日

购买方	名　　称：明华食品有限责任公司 纳税人识别号：914105006709CF1202 地 址、电 话：广宁省安阳市开发区中北路23号 0372-6723056 开户行及账号：中国工商银行开发支行 6222020015898926441	密码区	235-56<19458<3840+481*58955 75/373*4348*7>+>-2//54348*7 >*23-4367-7<8*873/+<4840+78 234+2395*3-/>7142>>8--56<13

货物或应税劳务、服务名称	规格型号	单位	数量	单价	金额	税率	税额
柴油		升	2000	5.20	10400.00	17%	1768.00
合　　计					¥10400.00		¥1768.00
价税合计（大写）	⊗壹万贰仟壹佰陆拾捌元整				（小写）¥12168.00		

销售方	名　　称：振兴加油站 纳税人识别号：914105007822309760 地 址、电 话：广宁省安阳市开发区大田东路176号 0372-6892603 开户行及账号：中国工商银行开发支行 6222020015898967228	备注	

收款人：　　复核：　　开票人：刘甜　　销售方：（章）

第三联：发票联　购买方记账凭证

税总函〔2015〕562号海南华森实业公司

（印章：振兴加油站 914105007822309760 发票专用章）

单据 3-17-1

4105174132　**广宁增值税专用发票**　№ 56238092　4105174132 56238092

抵扣联

校验码 15682 36809 42561 11289　　开票日期：2017年03月30日

购买方	名　　称：明华食品有限责任公司 纳税人识别号：914105006709CF1202 地 址、电 话：广宁省安阳市开发区中北路23号 0372-6723056 开户行及账号：中国工商银行开发支行 6222020015898926441	密码区	235-56<19458<3840+481*56729 75/373*4348*7>+>-2//54348*7 >*23-4367-7<8*873/+<4840+27 234+2395*3-/>7142>>8--56<25

货物或应税劳务、服务名称	规格型号	单位	数量	单价	金额	税率	税额
水费		吨	8200	3.00	24600.00	13%	3198.00
合　　计					¥24600.00		¥3198.00
价税合计（大写）	⊗贰万柒仟柒佰玖拾捌元整				（小写）¥27798.00		

销售方	名　　称：安阳市自来水有限公司 纳税人识别号：914105005609E09120 地 址、电 话：安阳市海盛区东明路49号 0372-6734901 开户行及账号：中国工商银行东明路支行 6222020015898927551	备注	

收款人：　　复核：　　开票人：吴楠　　销售方：（章）

第二联：抵扣联　购买方扣税凭证

税总函〔2015〕562号海南华森实业公司

（印章：安阳市自来水有限公司 914105005609E09120 发票专用章）

单据 3-17-2

4105174132　　广宁增值税专用发票　　№ 56238092　　4105174132 56238092

发票联

校验码 15682 36809 42561 11289　　开票日期：2017年03月30日

购买方	名　　称：明华食品有限责任公司 纳税人识别号：914105006709CF1202 地址、电话：广宁省安阳市开发区中北路23号 0372-6723056 开户行及账号：中国工商银行开发支行 6222020015898926441	密码区	235-56<19458<3840+481*56729 75/373*4348*7>+>-2//54348*7 >*23-4367-7<8*873/+<4840+27 234+2395*3-/>7142>>8--56<25

货物或应税劳务、服务名称	规格型号	单位	数量	单价	金额	税率	税额
水费		吨	8200	3.00	24600.00	13%	3198.00
合　计					¥24600.00		¥3198.00
价税合计（大写）	⊗贰万柒仟柒佰玖拾捌元整				（小写）¥27798.00		

销售方	名　　称：安阳市自来水有限公司 纳税人识别号：914105005609E09120 地址、电话：安阳市海盛区东明路49号 0372-6734901 开户行及账号：中国工商银行东明路支行 6222020015898927551	备注	

收款人：　　复核：　　开票人：吴楠　　销售方：（章）

（印章：安阳市自来水有限公司 914105005609E09120 发票专用章）

税总函〔2015〕562号海南华森实业公司

第三联：发票联　购买方记账凭证

单据 3-18-1

4105174132　　广宁增值税专用发票　　№ 67220982　　4105174132 67220982

抵扣联

校验码 12378 28731 09237 65345　　开票日期：2017年03月30日

购买方	名　　称：明华食品有限责任公司 纳税人识别号：914105006709CF1202 地址、电话：广宁省安阳市开发区中北路23号 0372-6723056 开户行及账号：中国工商银行开发支行 6222020015898926441	密码区	235-56<19458<3840+481*56727 75/373*4348*7>+>-2//54348*7 >*23-4367-7<8*873/+<4840+26 234+2395*3-/>7142>>8--56<11

货物或应税劳务、服务名称	规格型号	单位	数量	单价	金额	税率	税额
电费		度	14000.00	1.80	25200.00	17%	4284.00
合　计					¥25200.00		¥4284.00
价税合计（大写）	⊗贰万玖仟肆佰捌拾肆元整				（小写）¥29484.00		

销售方	名　　称：安阳市电力有限公司 纳税人识别号：9141050038905623ON 地址、电话：安阳市海盛区东明路127号 0372-6813092 开户行及账号：中国工商银行东明路支行 6222020015898963320	备注	

收款人：　　复核：　　开票人：江玉　　销售方：（章）

（印章：安阳市电力有限公司 91410500389056230N 发票专用章）

税总函〔2015〕562号海南华森实业公司

第二联：抵扣联　购买方扣税凭证

单据 3－18－2

4105174132　　**广宁增值税专用发票**　　№ 67220982　　4105174132 67220982

发票联

校验码 12378 28731 09237 65345　　开票日期：2017年03月30日

购买方	名称：明华食品有限责任公司 纳税人识别号：914105006709CF1202 地址、电话：广宁省安阳市开发区中北路23号 0372-6723056 开户行及账号：中国工商银行开发支行 6222020015898926441	密码区	235-56<19458<3840+481*56727 75/373*4348*7>+>-2//54348*7 >*23-4367-7<8*873/+<4840+26 234+2395*3-/>7142>>8--56<11

货物或应税劳务、服务名称	规格型号	单位	数量	单价	金额	税率	税额
电费		度	14000.00	1.80	25200.00	17%	4284.00
合　　计					¥25200.00		¥4284.00
价税合计（大写）	⊗贰万玖仟肆佰捌拾肆元整				（小写）¥29484.00		

销售方	名称：安阳市电力有限公司 纳税人识别号：91410500389056230N 地址、电话：安阳市海盛区东明路127号 0372-6813092 开户行及账号：中国工商银行东明路支行 6222020015898963320	备注	

收款人：　　复核：　　开票人：江玉　　销售方：（章）

第三联：发票联　购买方记账凭证

税总函〔2015〕1562号海南华森实业公司

（印章：安阳市电力有限公司 91410500389056230N 发票专用章）

单据 3－19－1

资产清查报告单

单位：明华食品有限责任公司　　　　2017 年 3 月 30 日

清查对象	板栗	存放地点	一号仓库
清查人员	财务部王涛、行政部李小明		
清查原因			
3 月 28 日，发现存放在一号仓库的板栗有霉烂变质现象。			
清查结果			
3 月 28 日，仓库管理员张建欣发现存放在一号仓库的板栗有霉烂变质现象。经财务部王涛、行政部李小明联合清查，发现一号仓库靠内墙体出现裂缝，仓库管理员张建欣未能及时发现，导致存放在一号仓库的板栗霉烂变质。 经清查统计，该批板栗的损失金额为 8 700 元。			
处理意见			
霉烂变质的板栗已无法使用，做损失处理，仓库管理员因管理不善，承担 10%损失。			
查清人签字	王涛、李小明		
财务经理		总经理	

单据 3－20－1

广宁省高速公路车辆通行费统一发票

广宁省

发票联

发票代码 372909112900

发票号码 28903472

开票日期 2017年03月30日

出口站名:安阳北　　工号:238902

入口站名:港口　　工号:378921

金额:3800元　　车型:小轿车

广宁安阳高速公路有限公司
9141050068GLNMW07N
发票专用章

单据 3－20－2

广宁省过路过桥通行费统一发票

广宁省

发票联

发票代码 278912091209

发票号码 27189091

开票日期 2017年03月30日

出口站名:安阳桥北　　工号:230972

入口站名:西园　　工号:632107

金额:6300元　　车型:小轿车

安阳豫江大桥总公司
9141050067ADA09NM9
发票专用章

单据 4-1-1

4105174134 **广宁增值税专用发票** № 24609273

4105174134
24609273

抵扣联

校验码 13578 26709 24112 38901　　开票日期：2017年04月02日

购买方	名　称：红星卷烟厂 纳税人识别号：914105005622899012 地址、电话：广宁省安阳市开发区光明路22号 0372-6892343 开户行及账号：中国工商银行开发支行 6222020015676775091	密码区	235-56<19458<3840+481*58790 75/373*4348*7>+>-2//54348*5 >*23-4367-7<8*873/+<4840+28 234+2395*3-/>7142>>8--56<16

货物或应税劳务、服务名称	规格型号	单位	数量	单价	金额	税率	税额
烟丝		吨	50	20000.00	1000000.00	17%	170000.00
合　计					¥1000000.00		¥170000.00
价税合计（大写）	⊗壹佰壹拾柒万元整				（小写）¥1170000.00		

销售方	名　称：明海卷烟厂 纳税人识别号：9141050078E789090N 地址、电话：安阳市开发区阜新路88号 0372-6789022 开户行及账号：中国工商银行开发支行 6222020015676723207	备注	

收款人：　　复核：　　开票人：陈琦　　销售方：（章）

第二联：抵扣联 购买方扣税凭证

税总函〔2015〕562号海南华森实业公司

明海卷烟厂 9141050078E789090N 发票专用章

单据 4-1-2

4105174134 **广宁增值税专用发票** № 24609273

4105174134
24609273

发票联

校验码 13578 26709 24112 38901　　开票日期：2017年04月02日

购买方	名　称：红星卷烟厂 纳税人识别号：914105005622899012 地址、电话：广宁省安阳市开发区光明路22号 0372-6892343 开户行及账号：中国工商银行开发支行 6222020015676775091	密码区	235-56<19458<3840+481*58790 75/373*4348*7>+>-2//54348*5 >*23-4367-7<8*873/+<4840+28 234+2395*3-/>7142>>8--56<16

货物或应税劳务、服务名称	规格型号	单位	数量	单价	金额	税率	税额
烟丝		吨	50	20000.00	1000000.00	17%	170000.00
合　计					¥1000000.00		¥170000.00
价税合计（大写）	⊗壹佰壹拾柒万元整				（小写）¥1170000.00		

销售方	名　称：明海卷烟厂 纳税人识别号：9141050078E789090N 地址、电话：安阳市开发区阜新路88号 0372-6789022 开户行及账号：中国工商银行开发支行 6222020015676723207	备注	

收款人：　　复核：　　开票人：陈琦　　销售方：（章）

第三联：发票联 购买方记账凭证

税总函〔2015〕562号海南华森实业公司

明海卷烟厂 9141050078E789090N 发票专用章

单据 4－1－3

中国工商银行
转账支票存根

60104120
20921001

附加信息

出票日期 2017 年 04 月 02 日

收款人：明海卷烟厂

金　额：¥1170000.00

用　途：购买烟丝

单位主管　　会计

上海金达证券印制有限公司・2012 年印制

单据 4－1－4

收料单

供货单位：明海卷烟厂　　　　编号：0402001

发票编号：24609273　　2017 年 04 月 02 日　　仓库：仓库一

材料类别	材料编号	材料名称	规格	计量单位	数量		金额		
					应收	实收	单价	买价	合计
	A001	烟丝		吨	50	50	20000		1000000
	合计				50	50			1000000

会计联

会计主管 明浩东　　会计 游琪　　审核 王毅　　记账 宁涛　　收料 张宁

单据 4－2－1

出　库　单

领料车间(部门)：生产部　　2017 年 04 月 03 日　　编号：3578091

产品名称	规格	计量单位	数量		成本		备注
			请领	实发	单位成本	金额	
烟叶		批	1	1		103000.00	
合计			1	1		103000.00	

会计联

记账：游琪　　发料：张宁　　领料负责人：林溪　　领料：陈一鸣

单据 4－3－1

中华人民共和国
税收缴款书（税务收现专用）

国

(153)京国税00025644

登记注册类型：有限责任公司　　填表日期：2017年 04月 12日　　税务机关：安阳市开发区国家税务局

纳税人识别号	914105005622899012	纳税人名称	红星卷烟厂
地址	广宁省安阳市开发区光明路22号		

税种	品目名称	课税数量	计税金额或销售收入	税率或单位税额	税款所属时期	已缴或扣除额	实缴金额
消费税					20170301-20170331		7620000.00
金额合计	（大写）柒佰陆拾贰万元整						￥7620000.00

税务机关（盖章）	代征单位（盖章）	填表人 张怡	备注

第一联（收据）交纳税人作完税凭证

妥　善　保　管

单据 4－4－1

广宁增值税专用发票

4105174132　　№ 26718091　　4105174132 26718091

抵扣联

校验码 12366 29871 20913 57289　　开票日期：2017年04月13日

购买方	名　　称：红星卷烟厂 纳税人识别号：914105005622899012 地址、电话：广宁省安阳市开发区光明路22号 0372-6892343 开户行及账号：中国工商银行开发支行 6222020015676775091	密码区	235-56<19458<3840+481*56728 75/373*4348*7>+>-2//54348*7 >*23-4367-7<8*873/+<4840+27 234+2395*3-/>7142>>8--56<13

货物或应税劳务、服务名称	规格型号	单位	数量	单价	金额	税率	税额
加工费					30000.00	17%	5100.00
合　　计					￥30000.00		￥5100.00
价税合计（大写）	⊗叁万伍仟壹佰元整				（小写）￥35100.00		

销售方	名　　称：前进烟丝厂 纳税人识别号：914105007845003498 地址、电话：广宁省安阳市开发区光明路145号 0372-6566712 开户行及账号：中国工商银行开发支行 6222020015676750120	备注	

收款人：　　复核：　　开票人：范明宇　　销售方：（章）

第二联：抵扣联　购买方扣税凭证

单据 4－4－2

广宁增值税专用发票

4105174132　　　　　　　　　　　　№ 26718091　　4105174132　26718091

发票联

校验码 12366 29871 20913 57289　　　　　　　　开票日期：2017年04月13日

购买方	名　　称：红星卷烟厂 纳税人识别号：914105005622899012 地 址、电 话：广宁省安阳市开发区光明路22号 0372-6892343 开户行及账号：中国工商银行开发支行 6222020015676775091					密码区	235-56<19458<3840+481*56728 75/373*4348*7>+>-2//54348*7 >*23-4367-7<8*873/+<4840+27 234+2395*3-/>7142>>8--56<13	
货物或应税劳务、服务名称	规格型号	单位	数量	单价	金额	税率	税额	
加工费					30000.00	17%	5100.00	
合计					¥30000.00		¥5100.00	
价税合计（大写）	⊗叁万伍仟壹佰元整				（小写）¥35100.00			
销售方	名　　称：前进烟丝厂 纳税人识别号：914105007845003498 地 址、电 话：广宁省安阳市开发区光明路145号 0372-6566712 开户行及账号：中国工商银行开发支行 6222020015676750120					备注		

收款人：　　复核：　　开票人：范明宇　　销售方：（章）

（印章：前进烟丝厂 914105007845003498 发票专用章）

第三联：发票联　购买方记账凭证

税总函［2015］562号 海南华森实业公司

单据 4－4－3

中国工商银行
转账支票存根
60104120
20921002

附加信息

出票日期 2017 年 04 月 13 日

收款人：前进烟丝厂

金　额：¥92100.00

用　途：加工费等

单位主管　　会计

上海金达证券印制有限公司・2012 年印制

单据 4－4－4

收款收据

NO. 6027552

2017 年 04 月 13 日

今收到 代收代缴消费税

金额（大写） 零 拾　伍 万　柒 仟　零 佰　零 拾　零 元　零 角　零 分

¥ 57,000.00　　☐现金　☐支票　☐信用卡　☑其他

收款单位（盖章）（印章：前进烟丝厂 财务专用章）

核准　　会计　　记账　　出纳 张雨晨　　经手人 刘敏

第二联 收据联

单据 4－5－1

入库单

供应单位：前进烟丝厂　　　　入库单编号：30673901

材料类别：　　　　2017 年 04 月 14 日　　　　收料仓库：仓库一

编号	名称	规格	单位	数量		实际成本				
				应收	实收	买价		运费	其他	合计
						单价	金额			
A01	烟丝		吨	10	10	13300	133000		30000	163000
合计										163000

财务经理：明浩东　　仓库主管：张宁　　经办人：刘金　　制单人：周塞英

财务联

单据 4－6－1

领 料 单

领料部门：生产车间

用　途 生产卷烟　　　　2017 年 04 月 18 日　　　　第 20170418001 号

材料			单位	数量		成本									
						单价	总价								
编号	名称	规格		请领	实发		百	十	万	千	百	十	元	角	分
	烟丝		吨	10	10	13,300.00		1	3	3	0	0	0	0	0
合计				10	10		¥	1	3	3	0	0	0	0	0

部门经理：付婷　　会计：游琪　　仓库：张宁　　经办人：杨一斌

会计联

单据 4－7－1

4105174130

广宁增值税专用发票

№ 37802001　　4105174130 37802001

此联不作报销、扣税凭证使用

校验码 13678 20987 62517 28340　　开票日期：2017年04月19日

购买方	名　　称：安阳烟草批发总公司 纳税人识别号：914105006709BD3601 地 址、电 话：安阳市红星区福兴路33号 0372-6723980 开户行及账号：中国工商银行红星支行 6222020015676786221	密码区	235-56<19458<3840+481*56832 75/373*4348*7>+>-2//54348*7 >*23-4367-7<8*873/+<4840+25 234+2395*3-/>7142>>8--56<11

货物或应税劳务、服务名称	规格型号	单位	数量	单价	金额	税率	税额
利民卷烟		条	112500	64.00元	7200000.00	17%	1224000.00
合　　计					￥7200000.00		￥1224000.00
价税合计（大写）	⊗捌佰肆拾贰万肆仟元整				（小写）￥8424000.00		

销售方	名　　称：红星卷烟厂 纳税人识别号：914105005622899012 地 址、电 话：广宁省安阳市开发区光明路22号 0372-6892343 开户行及账号：中国工商银行开发支行 6222020015676775091	备注	

收款人：　　复核：　　开票人：付兴盛　　销售方：（章）

（印章：红星卷烟厂 914105005622899012 发票专用章）

税总函［2015］562号海南华森实业公司

第一联：记账联　销售方记账凭证

单据 4－7－2

ICBC 中国工商银行　进账单（收账通知）3

2017 年 04 月 19 日　　№

出票人	全　称	安阳烟草批发总公司	收款人	全　称	红星卷烟厂
	账　号	6222020015676786221		账　号	6222020015676775091
	开户银行	中国工商银行红星支行		开户银行	中国工商银行开发支行

金额	人民币（大写）捌佰肆拾贰万肆仟元整	亿	千	百	十	万	千	百	十	元	角	分
			￥	8	4	2	4	0	0	0	0	0

票据种类	支票	票据张数	1
票据号码			

备注：

复核：　　记账：

（印章：中国工商银行开发支行 业务专用章 (1)）

收款人开户银行签章

此联是收款人开户银行交给收款人的收账通知

175*85mm GH066011

单据 4－8－1

出 库 单

领料车间(部门)：销售部　　　　2017 年 04 月 21 日　　　　编号：3578092

产品名称	规格	计量单位	数量		成本		备注
			请领	实发	单位成本	金额	
利民卷烟		条	50	50	33.00	1650.00	
合计			50	50		1650.00	

会计联

记账：游琪　　发料：张宁　　领料负责人：林溪　　领料：陈一鸣

单据 4－9－1

4105174130　　**广宁增值税专用发票**　　№ 37802002

4105174130
37802002

此联不作报销、扣税凭证使用

校验码 12568 29034 58190 06523　　开票日期：2017年04月25日

税总函［2015］562号海南华森实业公司

购买方	名　　称：广宁省顺发烟草批发公司 纳税人识别号：914105008511207451 地 址、电 话：安阳市红星区五四路86号 0372-6835078 开户行及账号：中国工商银行红星支行 6222020015676757225	密码区	235-56<19458<3840+481*56728 75/373*4348*7>+>-2//54348*3 >*23-4367-7<8*873/+<4840+24 234+2395*3-/>7142>>8--56<12

货物或应税劳务、服务名称	规格型号	单位	数量	单价	金额	税率	税额
蓝光卷烟		条	175000	96.00	16800000.00	17%	2856000.00
合　　计					¥16800000.00		¥2856000.00
价税合计（大写）	⊗壹仟玖佰陆拾伍万陆仟元整				（小写）¥19656000.00		

销售方	名　　称：红星卷烟厂 纳税人识别号：914105005622899012 地 址、电 话：广宁省安阳市开发区光明路22号 0372-6892343 开户行及账号：中国工商银行开发支行 6222020015676775091	备注	

收款人：　　复核：　　开票人：付兴盛　　销售方：（章）

第一联：记账联　销售方记账凭证

单据 4－9－2

ICBC 中国工商银行 进账单（收账通知） 3

2017 年 04 月 25 日 №

出票人	全称	广宁省顺发烟草批发公司	收款人	全称	红星卷烟厂
	账号	6222020015676757225		账号	6222020015676775091
	开户银行	中国工商银行红星支行		开户银行	中国工商银行开发支行

金额	人民币（大写）	壹仟玖佰陆拾伍万陆仟元整	亿	千	百	十	万	千	百	十	元	角	分
			¥	1	9	6	5	6	0	0	0	0	0

票据种类	支票	票据张数	1
票据号码			

备注：

复核： 记账：

中国工商银行开发支行 业务专用章 （1）

收款人开户银行签章

此联是收款人开户银行交给收款人的收账通知

175*85mm GH066011

单据 4－10－1

领料单汇总表

2017 年 04 月 附件 3 张

编号	名称	单位	数量	单价	金额
A001	烟丝	吨	20	20000.00	400000.00
A001	烟丝	吨	15	20000.00	300000.00
A001	烟丝	吨	10	20000.00	200000.00
合计			45		¥900000.00

复核：游琪 审核：张宁 经办人：杨一斌

实训教材配套账号（学问通实训平台）使用说明

第一步：注册

登录学问通实训平台（www.xuewent.com），点击“登录/注册”，进入新用户注册页面， 输入手机号 ，获取验证码，按要求输入其他信息，完成注册。

第二步：登录及激活课程

输入用户名和密码登录后，依次点击“我的学习”→“课程卡激活”，刮开实训教材封底的刮刮卡，输入课程激活码，激活相应课程。

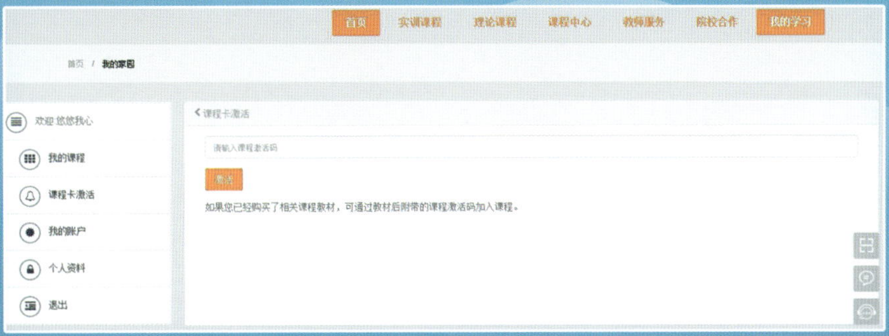

第三步：选择已激活的课程，开始学习

激活课程后，可在“我的课程”界面查看，选择相应课程后点击“进入学习”。

说明：本使用说明以税务会计实训课程为例，其他课程的操作与此相同。

学问通
xuewent.com

专业 创新 仿真

实训教材配套账号（学问通实训平台）使用说明

第四步：进入课程目录界面

进入课程目录界面后，点击“课件视频”观看讲解视频，点击“开始学习”进入实训。

第五步：进入课程实训界面

进入课程实训界面后，根据任务说明和背景单据，完成相应的实训。

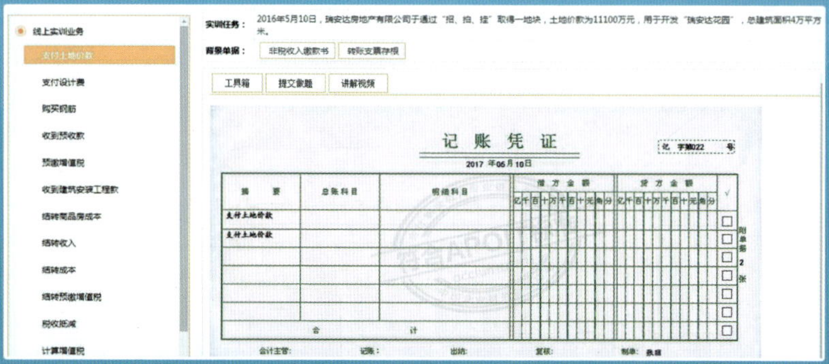